눈물강 위에 세우는 다리

K-poetry

샘문시선 1060
한국문학상 대상 수상 기념 시집
김준한 감성시집

닳고 닳아 뭉툭해진 건 모뿐이었을까?
사포처럼 거친 세월도 닳았을까?

가끔, 부끄러운 모 하나 꺼내
변에 붙여 보곤 했다

철없는 세모, 욕심 많은 네모,
고집 강한 마름모,
곳곳에 찍혔거나 파인 자국 가득하다
〈동그라미의 슬픔, 일부 인용〉

햇살의 반짝임이 와 닿아 물결을 넘실거리는
이 눈부신 광경은, 꿈보다 더 허망한 거짓

나는 궁금해서 노를 계속 젓는데,
바다는 나 더러 더는 알지 말라고,
더는 보여 줄 수 없다고,
빠져 죽을 자신도 없을 것이라며,
나를 계속해서 저 아득한 수평선으로 떠민다
〈항해일지, 일부 인용〉

지나온 시절도 똬리를 틀었으면 좋겠다
차디찬 슬픔의 길이 멀어서 그립지 않게, 이십 대와
불혹의 오늘이 맞닿을 수 있다면 내 사랑은 여전히
뜨거울 거고, 죽어가는 게 서글프지 않을 것을
〈물길, 일부 인용〉

_____ 님께

_____ 년　월　일

_____ 드립니다.

도서출판 **샘문**

한국문학상 대상 수상 기념시집

눈물강 위에 세우는 다리

김준한 감성시집

여는 글

　너무 늦은 감도 있지만 감사한다. 그래도 덜 부끄러운 시집을 내지 않았는가. 20살 첫 시집을 냈다면 지금 그 시집을 보고 얼마나 부끄러워했을까. 그러니 불혹이 넘어 첫 시집을 냈다는 것에 감사할 일이다. 초등학교 1학년 어느 날 낮잠에서 일어나 형언할 수 없는 고독을 맛보았다. 캄캄한 방 안에 혼자 던져진 기분은 도무지 견딜 수 없었다. 아마도 그때 처음 나란 존재에 대해 눈뜬 것이 아닌가 한다.

　살면서 한순간도 이 세상에 나 혼자라는 고독감을 잊어 본 적이 없다. 광활한 우주에 혼자 던져진 기분, 그래 나는 그 절대고독과 싸우며 여기까지 왔다. 사람들은 나와 비슷했지만, 절대적으로 다른 존재였다. 존재에 눈뜨고 나서 신을 의지했지만 신은 나에게 아무런 응답도 하지 않았다. 그때부터였으리라 나는 내가 살아있다는 것을 확인하기 위해 시를 쓰기 시작했다.

　숨 쉬듯이 쓰고 생각했다. 왜 하필 나는 그 많은 것 중, 시를 좋아할까? 왜 나는 써야만 할까?
　그런 생각 끝에는 웃음이 났다. 왜냐면 의사들에게 너는 왜 의사냐? 가수에게 넌 왜 가수냐? 묻는 것과 같은 이치이기 때문이었다.

여는 글

나는 시인으로 태어난 것이다. 태어나보니 시인이었던 것이다. 그렇게 내 정체성을 확인했다. 세상엔 자기 자신이 누구인지 모르면서 살아가는 사람들이 많다. 그들을 생각하면 나는 복 받은 거라, 생각했다. 그렇게 내 고독한 삶을 위로했다. 문학을 논하지 않더라도 시를 이야기하지 않더라도, 나는 어디서 왔는가? 나는 누구인가? 나는 어디로 가는가? 이 세 물음을 한 번도 자신에게 물어본 적 없는 사람을 만난다면 참으로 씁쓸한 일이 아닐 수 없을 것이다. 세상에게 왜 시를 기피 하냐고 원망도 했었다. 하나 이제 그러지 않기로 했다. 세상을 방관하자는 게 아니고 세상을 용서하기로 한 것이다.

지난 25년 동안 내가 아끼고 퇴고하며 내 한평생 함께해준 시들을 시집보내듯 시집에 엮습니다.

많은 이들이 축하해 주기를 바랍니다. 여기에 실린 시들은 내가 목숨 걸고 키워낸 내 아들과 딸이기 때문입니다. 누구는 과업을 완수해 자식을 세상에 낳고 떠나고 나는 내 시들을 낳고 떠날 수 있게 되었으니 감사합니다. 이 시집을 출간하기까지 고생하신 분들에게 감사하다 말씀 전합니다. 내가족과 친구들, 지인들, 문인 여러분, 특히 샘문그룹(샘문시선)에 이정록 회장님, 교수님 그리고 편집위원님들께 감사의 말씀 올립니다. 더욱더 낮은 자세로 겸손하게 정진하겠습니다. 감사합니다.

2024. 11. 18.

시인 **김 준 한** 드림

평 설

일상에서 사유와 의미를 뽑아내는 독창적인 詩 세계

- 강소이(시인, 수필가, 문학평론가)

1. 들어가는 말

김준한 시인의 시집 「눈물강 위에 세우는 다리」의 시 76편을 읽고 나서, 김 시인은 시에 대한 열정과 내공이 깊다는 것을 알 수 있었다. 그의 프로필 어디에도 문학을 전공한 이력은 없다. 그럼에도 오랜 세월 시에 대한 깊은 애정을 갖고 시와 더불어 살아왔음을 알 수 있었다. 그의 시에는 시대를 아파하는 앙가즈망적인 현실 참여 내지 역사 비평의 면모는 찾을 수 없었다. 그러나 그는 일상생활 속에서 쉽게 접했던 사물을 관찰하여, 거기서 인생 삶에 대한 통찰과 사유를 도출해 내는 독창적인 시 창작의 기법을 발휘하는 것을 발견할 수 있었다.

2. 시편 들여다보기

김 시인의 시집 「눈물강 위에 세우는 다리」의 시 76편에 나타난 시를 특성 상 5가지로 분류해 보았다. 각 파트별로 그의 시의 특징을 간단히 살펴보도록 하겠다.

1) 일상에서 사유를 뽑아낸 시편들
〈탄 냄비〉, 〈빨랫줄〉, 〈거미줄〉, 〈냉장고 울다〉, 〈볼펜〉, 〈그림 액자〉, 〈은행에서〉, 〈전기밥솥〉, 〈이불을 개며〉, 〈모기는 황홀한 순간에〉 등이 우수하다.

평 설

　위의 시를 통해서 알 수 있듯이, 김 시인은 치열하게 시를 써온 흔적이 역력하다. 시에 대해 관심이 없거나, 시를 멀리하는 게 요즘 현실 세상의 세태라고 하겠다. 대부분의 사람들은 바쁜 일상속에서 제각기 자신의 관심거리를 쫓아간다. 새벽부터 치열하게 그 일을 위해 달려간다. 시는 생의 필수품이 아니라고 여기는 사람들이 대부분이다. 쌀이 되지 않고 밥이 되지 않는 게 시의 현실이다. 그러나 시를 쓰지 않으면 견디지 못하는 사람들도 있다. 시를 읽고 사유하고 향유하는 데서 지극한 희열을 느끼는 사람들이 있다. 몇 되지 않는 특별한 별종別種이다. 윤동주 시인이 그러했고 박목월이나 이육사, 이상화 시인 등이 그러했다. 문단에서 이름을 얻은 시인들은 대부분 시가 주는 위안과 위무를 누리는 정신적 경지의 고원高原에서 사는 이들이다.

　김준한 시인과 단 1분도 대화를 나눈 적이 없지만, 그의 시에서 읽혀지는 그의 시다움은 시에 대한 애정이 남다른 시인이라는 결론이다. 일상생활에서 흔히 접하는 생활용품이나 사소한 일화에 대해서도 그는 그냥 지나치지 않고 시를 끄집어낸다. 남다른 감수성을 가진 독특한 발상에 놀라지 않을 수 없다.

　예를 들어 〈이불을 개며〉라는 시를 잠시 살펴보도록 하자. 누구나 날마다 덮고 자는 "이불"이라는 사물에 대해 깊게 생각해본 이는 흔하지 않을 것이다. "새벽, 허한 가슴으로 스민 서늘함이 길어질수록// 괜실히 꽉 끌어안게

평 설

되는, 이 낡은 생 한 벌"이라는 표현을 보자. 이불은 따뜻함과 포근함을 주므로, 이불은 위안과 평안이다. 별 활동 없이 밤새 누워 잠을 자는 동안 체온 유지를 위해서 누구나 이불을 덮는다. 하루의 고단함을 쉬는 수면 시간은 이불 속에서의 편안한 휴식 시간이다. 그러나 이 시 4연에서 표현한 대로 "갑갑한 어둠을 유랑하던 불면의 순간들, 미처 개어/ 놓지 못하고 온 그 순간들이 내 의식을 감싸고... 까닭 없이 쓸쓸해진다"라고 했다. 그런 허한 가슴 - 쓸쓸함, 외로움 더 나아가 불안과 염려로 인한 불면의 시간 등의 "서늘함이 짙어질수록" 괜실히 이불을 꽉 끌어안게 되는 것이다. 이는 따뜻하고 포근한 위로와 평안을 갈망하는 화자(話者)의 무의식의 발로라고 하겠다. 그런데 시인은 이불을 "이 낡은 생 한 벌"이라고 했다. "이불 = 낡은 생 한 벌"인 것이다. 훌륭한 은유(隱喩 - metaphor)적 표현이다. 화자話者의 이불은 낡아 있다. 낡은 이불과 지치고 허한 가슴의 쓸쓸한 화자의 생生도 낡았다고 표현하고 있는 사유의 표현력이 우수한 시라고 하겠다. 이 시 한 편만으로도 김 시인은 오랫동안 시를 읽어왔고 시를 짓고 시 공부를 해온 내공 있는 시인이라는 것을 알 수 있는 시다.

〈모기는 황홀한 순간에〉라는 시에서 "세월의 변두리를 두리번거리던 내 시간들 또한/ 그만큼이나 깊고 가파른 단층을 만들었을 것이다"라고 했다. "허기를 부여잡고... // 누군가의 피부 주위를 배회하였는지도 모르는 "모기"를 보면서, "살아야 할 이유란 결국// 갈증을 키우는 일이어

> 평 설

야 했을까"를 사유해 낸다. 갈증과 허기를 달래기 위해 "날갯짓에 파인 허공이 깊음을 인식해 낸다. 생물은 모두 욕망을 갖고 있다. 욕망에 의해 움직인다. 모기가 날갯짓 하는 것이나, 인간이 욕망의 충족을 위해 날갯짓을 하는 모든 행위는 "파인 허공이 깊다"는 사유를 얻어내는 것을 볼 수 있다. 각자의 목표를 이루기 위해서 파인 허공의 깊이가 깊어진 것을 누구나 경험했을 것이다. 숱한 시행착오와 고단한 노고勞苦가 헛된 탑이 되기도 했을 수 있고, 부질없는 헛발질이 될 때도 있었을 것이다. 이 시는 모기가 웽웽거리며 허공에서 날갯짓하는 것을 보며 사유를 끌어낸 깊이 있는 시라고 하겠다.

〈탄 냄비〉, 〈빨랫줄〉, 〈냉장고 울다〉, 〈볼펜〉, 〈그림액자〉, 〈전기밥솥〉도 시상이 뛰어난 작품이지만, 지면이 허락하지 않으므로 다음 기회에 다루기로 한다.

2) 철학적 사유가 깊은 시편들
〈우주를 건너는 일〉, 〈폭설〉, 〈톱니바퀴〉 등의 시는 철학적인 사유가 깊은 시들이다. 이 중에서 특히 〈우주를 건너는 일〉 시는 첫 문장부터 독자의 마음을 사로잡는다.

김 시인의 시에는 운율을 살려 음악성을 고려하거나, 회화적 심상을 살려 이미지를 강하게 그려내는 "보여주기"식의 시법을 채택한 시는 흔하지 않다. 주로 말하기 기법으로 일상 속에서 독특한 발상을 통해 시를 창작 해내고 있다. 하나 같이 독특한 발상으로 깊은 사유를 해내고 있

평 설

어서, 독자로 하여금 생각하게 하는 시들이 대부분이다. 그중 〈우주를 건너는 일〉은 액자에 걸어 두고 음미하는 이들이 많을 것으로 보이는 시다.

"별을 가진 사람들은 중력에 수긍하며 산다/ 그래서 한 사람이 한 사람에게 닿으려면// 별과 별 사이에 드리운 허방을 건너야 하는데// 어디, 흔적 보일 수 없는 그 길을 건너기 쉬운가// … 네게도 가는 길은 언제나// … 바닥 없는 어둠 위를 항해하는 일이다// … 한 사람이 한 사람에게 이르는 길은// 망망한 우주, 그 중심으로의 던져짐이다" 사람과 사람 사이에 허방이 있다고 했다. 바닥이 없는 어둠을 항해하는 일이며, 망망한 우주의 중심에 던져지는 일이라고 했다. 관계의 어려움과 조심스러움을 표현하고 있음이다. 또한 사람과 사람 사이를 별과 별 사이로 보고, 망망한 우주의 중심에 던져짐이 관계 맺기의 섭리임을 보이고 있다. 이 시는 많은 이들에게 읽히게 될 것이며 깊이 생각하게 하는 시가 될 것이고 널리 사랑받게 될 시라고 생각된다. 관계 맺는 일의 어려움을 시로 형상화 해낸 놀라운 표현력에 박수를 보낸다. 〈폭설〉, 〈톱니바퀴〉도 사유가 깊은 시이지만, 다음 기회에 다루기로 한다.

3) 노동, 건설 현장에서 느낀 삶의 통찰력을 다룬 시편들과 서민들의 애환을 다룬 시편들

〈철근공〉, 〈허공 위에 만드는 길〉, 〈못의 노래〉, 〈굽은 못〉, 〈부화를 꿈꾸는 달걀〉 등은 노동, 건설 현장에서 느낀 삶의 통찰력을 형상화한 시들이다. 이 시들은 건설 현

> 평 설

 장에서 관찰자 입장에서 남의 이야기를 시로 쓴 것으로 보이지 않는다. 시 속 화자는 "나"로 보인다. 직·간접적으로 자신의 이야기로 보이는 자기 고백적인 시라고 하겠다. 건설 현장에서 건설업에 종사하는 산업역군으로서, 손에 망치를 들고 철근을 다루면서도 그의 가슴 속에서는 시를 생각하며 시를 써 온 것으로 보인다. 그래서 더욱 치열한 삶의 질곡과 고통을 안고 갈 수 있는 생에 대한 통섭 – 통찰력 – 사유의 깊이가 깊어 갔는지도 모른다.

 우리 국문학의 역사를 돌이켜 보면, 임진왜란 이후 사설시조가 지어지기 전까지는 시는 귀족층의 전유물이었다. 해서 음풍농월에 그치기 일쑤였고 관습 시론에 빠져 자연 예찬이나 충, 효, 열, 신의 등의 유교적 사상의 테두리 안에 갇혀 있었다. 고려 때, 서민들의 정서를 담은 고려속요長歌가 있긴 했으나, 청구영언이나 교언영색 등에 기록되지 않은 진솔한 시는 역사의 뒤안길로 사라지는 안타까움이 있었다.

 그런 맥락에서 볼 때, 김준한 시인의 시는 진솔하다. 위에서 언급한 대로 김 시인은 생활 속에 일들을 그냥 지나치지 않는다. 세심한 관찰과 예민한 감수성으로 생활에서 시를 도출해 낸다. 시인의 기질을 갖고 태어난 천성적인 시인으로 보인다. 문학을 전공한 문학도들보다도 더 무서운 시에 대한 경쟁력을 가진 이들이 바로 이런 시인들이다. 천성적인 시인의 기질, 그리고 시에 대한 열정과 사랑은 아무도 따라잡지 못한다. 그들은 문학사文學史나 문예

평 설

사조, 문학 이론에 대해 이해가 깊은 전공자들과 변별되는 시에 대한 천성적인 영역을 갖고 있기 때문이다. 생에 대한 처절한 체험과 여러 종류의 다양한 경험치가 그들의 시에 깊이를 더하고 향기를 더하기 때문이다. 시는 책상 위에서만 나오는 것이 아니기 때문이다.

〈못의 노래〉에서는 녹슬고 휘어진 못을 소재로 하고 있다. 녹슬고 휘어진 못은 못의 쓰임이 다하고 나면, 용광로 속에 던져진다. 녹슬었어도 박힐 수 있어 다행이라고 했다. "어느덧 귀퉁이에 내몰린 생/ 녹슬었어도 박힐 수 있어 다행이다/ 오랜 여정 헤치고 실밥 닳은 사연 한 벌 걸어 둘 수 있으니// 나는 아직 쓸모 있는 몸"이라고 했다. 실밥 닳은 사연을 걸어 둘 수 있기 때문이라고 했다. 그런 못과 "나"(자기 자신)를 동일시하여 표현했다. 몸으로 일하는 육체 노동자의 "몸 = 쓸모 있는 못"이라고 했다. 어느덧 귀퉁이에 내몰린 생이 되어 버렸다고 했다. 20~30대만큼 팔팔하지 않은 몸이지만, 건강한 몸이기에 쓸모 있다고 어필하고 있다. 낡은 사연을 걸어 두더라도 말이다.

"둔탁한 망치의 질량을 받아 낼 때면 멍든 시간/ 네 심장 깊이 박히는 칼이 되어도 좋았다"라고 했다. 망치의 고통을 받아 내는 멍든 시간이 있었어도, 아직 쓸모 있는 몸인 것에 다행감을 읊은 시다. 시어를 다룰 줄 아는 탁월한 솜씨를 보인 시라고 하겠다.

못에 대해 사유한 시 〈굽은 못〉을 한 편 더 살펴보자.

> 평 설

　못을 벽에 박는 것은 쉬운 일이 아니다. 엇나가서 비껴 맞고 튕겨 나가는 일이 허다하다. 못이 박힌 자리가 헐거워질 때도 있다. 벽에 깊이 박혀야 안전하게 못에 물건을 걸 수 있다. 이 시는 벽에 못 박는 일을 하다가 삶의 상황에 빗대어 비유적으로 통찰하고 있는 시다.

　실천 없이 엇나간 하루 – 시절 밖으로 튕겨나감 – 불혹이 다 되도록 안전한 자리에 깊이 박히지 못함 – 구부러진 과오 – 헐거워진 하루 – 쓰러진 꿈 – 언제 뽑혀 나갈지 모를 불안 등을 사유하고 있다. 안정적인 직장을 얻지 못하는 일용직이나 임시직 노동자들의 애환을 보인 시다. 벽에 못을 박는 일상적인 일에서 사회적인 문제를 도출해 낸 시다. 이 시의 화자의 "옆구리가 늘 아팠다"라고 했다. 못을 박으려고 못의 머리에 망치질을 해서 아팠을 못 – 옆구리가 늘 아픈 화자와 동일시되고 있다.

　〈철근공〉은 건설 현장에서 철근을 실어 나르는 일을 하는 노동자다. "3층 소박한 높이가 그토록 오르기 힘든 꿈이었고", "계단 위에 뿌린 가쁜 호흡이 뿌연 서리꽃 피웠다"로 시작하여 "지난밤 동파된 사건의 유서", "티이비 속 앵커", "주검을 들 것에 얹어 방을 나오자"라는 표현으로 보아, 철근공이 현장에서 사망한 사건과 티이비 뉴스에 보도된 일 등. 어느 철근공의 주검(시신)을 목격하고 가슴 아팠던 일을 시로 빚어낸 작품이다.

　철근공의 비애를 담은 시로써, 이 시는 한국문학상 대

평 설

상을 받은 수작秀作이다. "주검을 들것에 얹어 방을 나오자// 수도꼭지 홀로 남아 흐느꼈다"라고 했다. 철근공의 죽음을 슬퍼해 주는 이는 수도꼭지가 유일하다. 철근 노동자의 죽음에 대한 슬픔과 비통함으로 흐느꼈을 동료들의 아픔을 "수도꼭지가 혼자 물을 뚝뚝 떨어뜨리는 현상"에 빗대어 표현하고 있다. 여기서 수도꼭지는 객관적 상관물(objective correlative)이다. 철근공의 죽음을 슬퍼할 리 없는 수도꼭지는 동파되지 않았는지 수돗물이 뚝뚝 떨어지고 있다. 수도꼭지에서 혼자 물이 뚝뚝 떨어지는 현상에, 동료들의 비통한 슬픈 감정을 이입한 매우 고도의 표현 기법을 보이고 있다.

〈부화를 꿈꾸는 달걀〉은 외국인 노동자들의 애환, 〈허공에 만드는 길〉에서도 목수, 철근공의 노동 이야기가 나온다. 〈골판지〉는 고물상을 소재로 한 시다. 서민들의 애환을 다루고 있다.

4) 시와 책에 대한 열정이 뛰어난 시편들
〈불의 책〉, 〈서정시처럼〉, 〈시인의 밥상〉, 〈매운탕을 끓이다〉는 시 쓰기에 대한 열정과 책에 대한 사유가 깊고, 형상화가 뛰어난 서정시들이다. 이 중에 〈불의 책〉은 한용운문학상 중견부분 최우수상을 수상한 뛰어난 작품이다. 이미 심사평에서 다루어졌을 터이므로 여기서는 생략하기로 한다. 이 중에 〈매운탕을 끓이다〉는 매운탕 끓이는 과정을 시 쓰는 과정에 빗대어 표현한 재미있는 발상의 시다. 김 시인에게 있어서 시는 일상이다. 매운탕을 끓이면서도

> 평 설

시 쓰는 과정과 연관짓고 있으니, 그의 일상 순간순간이 시(詩)인 듯하다. 그러하니 〈불의 책〉, 〈서정시처럼〉, 〈시인의 밥상〉과 같은 좋은 시를 빚을 수 있었을 것이다. 그래서 그는 "앞장과 뒷장을 오가는 손바닥들/ 두꺼워진 열기를 온종일 읽어나간다"는 표현대로 온종일 시를 부여잡고, 시와 호흡을 같이 하는 것으로 보인다. 그에게 있어서 시는 생의 호흡이고 산소로 보인다.

5) 서정성이 뛰어난 시편들
〈눈물강 위에 세우는 다리〉, 〈펄〉, 〈종기〉, 〈주름진 옷〉 등이 돋보이는 작품들이다. 〈눈물강 위에 세우는 다리〉는 사랑에 대한 연시로써 이미 노래로 작곡되어 널리 불리고 있어 많은 이들에게 공감을 얻고 있는 작품이다.
〈종기〉에서 김 시인은 어깨에 난 종기를 짜내면서도 그 일을 그냥 흘려보내지 않는다. 종기는 오래 묵은 꿈이다. 둔중해진 세월의 몸에 도드라진 시간의 집이 지금 이 순간에도 곪아가고 있다고 했다. 그의 오래 묵은 꿈, 내일을 기약한 꿈은 무엇일까? 궁금해진다. 일면식도 없으니 물어본 적이 없지만, 그 꿈들이 종기가 되어 모반의 날을 키우지 않길 바란다. 꿈들이 햇살(양기)을 받아 무럭무럭 소생하여 전진하기만을 바란다. 이 시도 뛰어난 발상력을 보이는 좋은 시다.

〈펄〉과 〈주름진 옷〉은 〈종기〉와도 맥을 같이 하는 시로 볼 수 있다. 〈주름진 옷〉에서는 다리미를 예열했다가 옷을 다리면서 김 시인은 자신의 삶을 투영해 본다. "변두리 홀로 기웃거리던 나날/ 바람처럼 손에 꽉 쥘 수 없는

평 설

꿈이"… "방향 정하지 못한 갈림길에서", "실밥처럼 닳고 터진 어제(과거) 덥수룩하다"라고 했다. 위에서 언급한 모든 것들은 그에게 구름이었으나, 구름이 걷히고 햇살 따뜻한 하루 – 네 가슴을 빌려 말끔히 다리고 싶은 것이다. 다리미에 옷이 펴지는 것처럼, 자신의 구름들이 모두 걷혀져서 반듯한 옷이 되듯이 "꿈을 이루고 싶은 갈망"은 위의 시 〈종기〉에서 "내일을 기약한 꿈"이 모반하지 않도록 말끔히 다리고 싶은 열망과 연결된다.

  그는 꿈을 가진 시인이다. 사소한 일상생활에서도 꿈을 투영하여 시를 창출해 내며 자신의 꿈을 다지는 창의적인 발상이 독특하다. 이런 갈망은 〈펄〉에서 "만조의 시간이 올까?/ 그대 사랑 가득 들어차 내 메마른 그리움에서/ 해방시켜 줄까?"라고 했다. 이 시는 언뜻 보면 이별과 그리움을 읊은 연시로 볼 수도 있겠으나, 시는 중의적이고 다의적이므로 필자筆者는 꿈을 이루고자 하는 갈망의 시라는 관점으로도 해석하고 싶다. 〈주름진 옷〉에서 "구름 걷히고 햇살 따뜻한 하루", "구겨진 나를 말끔히 다려야겠다"와 〈펄〉에서 "초라한 청춘을 덮어 저 뜨거운 그리움에서 해방시켜 줄" 것을 갈망하는 시인의 열망은 일맥상통하기 때문이다. 그리움은 이성에 대한 그리움일 수도 있겠으나, 꿈을 이루지 못한 "내 초라한 청춘을 덮어 줄" 꿈의 언덕에 대한 갈망일 수도 있다. 쟈크 라캉(프랑스의 정신분석학자)은 인간은 결핍과 욕망에 의해서 행동한다고 했다. 김 시인의 욕망, 꿈, 그리움에서 해방시켜 줄 만조의 시간이 오길 함께 기원해 본다.

평 설

3. 맺음말

 이상에서 김준한 시인의 첫 시집 「눈물강 위에 세우는 다리」에 나타난 다섯가지 특징들을 간략하게 살펴보았다. 1)일상에서 사유를 뽑아낸 시편들, 2) 철학적 사유가 깊은 시편들, 3) 노동, 건설 현장에서 느낀 삶의 통찰력을 다룬 시편들과 서민들의 애환을 다룬 시편들, 4) 시와 책에 대한 열정이 뛰어난 시편들, 5) 서정성이 뛰어난 시편들의 특징이 그것이다.

 지면이 허락한다면 더 자세히 언급하고 싶지만, 간단히 언급한 것에 대해 아쉬운 마음이다. 김 시인은 삶의 한 순간순간, 일상생활 속에서 일어난 여러 사건이나 사물에 대해 놓치지 않고 시로 빚어낸 것을 볼 수 있었다. 예민한 감수성과 시에 대한 깊은 사유로 독창적인 기법으로 시를 창작해 낸 것을 볼 수 있었다. 그에게 있어서 시는 호흡이고 생활이고 공기다. 문학상 수상과 첫 시집의 출간을 축하하며, 앞으로도 더욱 좋은 시를 빚어서, 많은 이들의 삶의 햇살을 비춰주는 서정시로 빛나길 기원하며 글을 맺는다.

 시 쓰는 일은 외로운 일이지만, "망망한 우주, 그 중심"에 던지는 빛의 화살이기에 가치 있는 일이다. 지치지 않고 정진하다 보면, 빛의 고원高原에서 시가 주는 카타르시스를 맛볼 수 있기에 더욱 가치 있는 일이다. 김준한 시인의 첫 시집 출간을 감축드린다.

추천사

수평선 너머를 우직하게 항해하며
월척의 시들을 낚아 올린 시인

방효필(시인, 평론가, 공학박사, 청암 문학 이사장)

그는 20살 때 시를 배우기 위해 흑산도 홍어배를 탔단다. 그래서인지 그의 시편은 삶의 구체적 언어, 객관적 상관물로 관념을 희석시킨다.

미끼 없는 맨몸, 망망한 뻘 속에 진을 쳤다/또 한차례 시련 후 냉혹한 해류에 닳고 닳아/뭉툭해진 몸/먹빛 젖은 기억 거칠거칠한 줄로 갈아냈다/갑판 위 햇살 부수며 올라오는 홍어/분주해진 등처럼 가닿지 못한 시절은/언제나 그을려있었다/(주낙의 숙명) 일부

그의 연시는 분위기 가득 잡는 진부한 것과도 결이 다르다. 그에게 연정은 가진 것 하나 없이 망망한 시간 속에 던져지는 그리움이고, 열정은 먹고살아야 하는 노동 속에도 등을 벌겋게 태우는 시작업이다.

또한 이별은 바늘 끝 휘어진 아픔을 바로 펴서 다시 시작해야 하는 사랑인 것이다. 이처럼 그의 시는 구체적이다

주낙을 던져 걷어 올린 시의 언어들, 그는 끝 보이지 않는 수평선 너머를 우직하게 항해하며 월척의 시들을 낚아 올린 시인임에 틀림없다.

> 추 천 사

삶의 본질을 가까이 바라보는
시안을 가진 시인

조진현(시인, 청류문학인협회 회장)

 김준한 시인은 깊은 감성과 날카로운 통찰로 빚어낸 시 세계를 그린다. 그의 사랑은 단순한 그리움이 아니다. 그는 세상 모든 죽어가는 것들에 대한 연민이 사랑임을 실천한다. 그의 시는 삶의 복잡한 결을 모호한 관념이 아닌 구체적으로 형상화 해낸 수작들이다. 그는 단순한 위로를 넘어, 진부한 삶의 차원을 끌어 올려 세상을 새롭게 바라본다.

 그는 차가운 겨울에 물을 만지는 몰탈일을 한다.
 세상은 추워서가 아니라/ 울지 않는 사람들 때문에 얼어붙었다/ 마음의 문 잠갔기에 흐를 수 없는 슬픔,/얼음 되어 통로가 꽉 막혔다.(한파)

 세상이 얼어붙는 이유는 단지 겨울의 추위 때문이 아니다. 그것은 울지 않는 사람들, 닫힌 마음 때문이다. 흐르지 못한 슬픔은 얼음처럼 굳어 소통의 통로를 막아버린다. 결국, 세상을 차갑게 만드는 것은 단절된 마음이다.

추천사

 삶의 결을 섬세하게 포착해 날실과 씨실처럼 촘촘히 엮은 그의 언어는 질기고 단단한 생명을 닮았다. 그의 시는 삶의 가장 깊은 곳을 어루만지며, 사소한 순간들을 섬세하게 포착하고 이를 통해 인간 내면을 탐구한다. 그는 삶의 본질을 가까이 바라보는 시안을 가진 시인이다.

추천사

시를 쓰기 위해 사는 시인

김상언(아동 문학 이사, 시인)

45세 등단한 그는 결코 늦은 것이 아니었다. 그의 시에는 세월 속 치열한 시 쓰기의 흔적이 고스란히 스며있다. 그의 시를 읽으면 그는 마치 시를 쓰기 위해 사는 사람 같다.

끝내 다하지 못하고/시절 밖으로 튕겨 나갔다/불혹이 다 되도록 어디 한 곳 깊이 박히지 못했다/(굽은 못) 건설현장을 전전하며 생계를 이어가는 동안에도 시의 꿈만은 놓지 않았다.

/쇠보다 단단한 결심으로/
수많은 계획을 때려 박았지만/
수습해야 했던 건 구부러진 과오뿐/(굽은 못)

시련의 연속뿐이었던 삶. 매년 겨울, 처참히 구부러진 자신을 다시 두들겨 펴며 고독한 고배를 마셨을 것이다.

/언제 뽑혀 나갈지 모를 불안이/
벌건 녹처럼 온몸을 얽어맸다/
깊숙이 박힐 수 있을까?/
옆구리가 늘 아팠다/(굽은 못)

추 천 사

　그러나 등단 후, 얼마 지나지 않아 문단의 내로라하는 상들을 수상하며 더 이상 흔들리지 않는 존재가 되었다.

　망치질 초라했던 생을 다시 펴서 이번에는 제대로 때려 박았다. 그의 날카로운 시어들은 가슴 깊숙이 박혀서 아리게 한다. 하지만 그 아림은 고통이 아니다. 그의 아픔이 위로가 될 뿐, 젖었던 눈시울이 달아오르고 금방 환한 미소를 띤다.

　김준한시인 그의 이름은 세상에 영원히 빛나는 이름으로 남을 것이다.

샘문서선 1060

한국문학상 대상 수상 기념시집

눈물강 위에 세우는 다리

김준한 감성시집

여는 글 ················· 김준한 / 4
평   설 ················· 강소이 / 6
추천사 ················· 방효필 / 18
　　　　　　　　　　조진현 / 19
　　　　　　　　　　김상언 / 21

제1부 : 눈물강 위에 세우는 다리

눈물강 위에 세우는 다리 ············· 28
굽은 못 ························· 29
사람의 깊이 ····················· 30
사람이 산다 ····················· 31
셔터 ··························· 32
발정의 계절 ····················· 33
빨랫줄 ························· 34
펄 ····························· 35
거미줄 ························· 36
우주를 건너는 일 ················· 37
불의 책 ························· 38
냉장고 울다 ····················· 39
볼펜 ··························· 40
허공 위에 만드는 길 ··············· 42
부화를 꿈꾸는 달걀 ··············· 43
매운탕을 끓이다 ················· 44
순서 ··························· 46

제2부 : 동그라미의 슬픔

생을 연주하다 ··· 48
한상차림 ··· 50
자전거 ··· 51
연탄 ··· 52
골판지 ··· 53
구멍 ··· 54
침 ··· 55
그림액자 ··· 56
목욕탕 사람들처럼 ·· 58
동그라미의 슬픔 ·· 59
달고나를 아시나요? ··· 60
돋보기가 필요해요 ·· 62
그물이 던져지면 ·· 64
마천루 ··· 65
허虛 ··· 66
한파 ··· 67
일기장 ··· 68
고사리 ··· 70
막조개 ··· 72

제3부 : 항해일지

모서리 · 74
은행에서 · 75
옹이 · 76
톱니바퀴 · 77
수족관 속의 새우들 · 78
스트라이크를 위하여 · 80
주낙의 숙명 · 82
장마 · 83
폭설 · 84
종이접기 · 85
항해일지 · 86
밤사락 · 88
프로 미장 · 90
주름진 옷 · 92
못의 노래 · 93
종이에 베이다 · 94
송전선 · 96
전기밥솥 · 97
종기 · 98
세월 · 99
이불을 개며 · 100

제4부 : 서정시처럼

서정시처럼 ·········· 102
자의 반 타의 반 ·········· 103
모기는 황홀한 순간에 ·········· 104
우물 ·········· 106
장작을 패며 ·········· 108
고슴도치 사랑 ·········· 110
대나무 ·········· 111
동전 ·········· 112
홈런 ·········· 113
마찰 ·········· 114
물길 ·········· 115
노래방에서 ·········· 116
시인의 밥상 ·········· 117
봄날의 회상 ·········· 118
철근공 ·········· 120
화상 ·········· 122
펄 ·········· 123
동냥 ·········· 124
탄 냄비 ·········· 125

제1부
눈물강 위에
　　세우는 다리

눈물강 위에 세우는 다리

내 사랑은
멀리 있는 그대를 기다리는 것이 아니라
그리움으로 얼룩져 무거워진 가슴
비우고, 또 비우는 것이다.

텅 빈 가슴의 여운이 시간 속에 드리워질 때
나는 진정 그대의 모든 것을

내 안에 담아 둘 수 있나니!

내 사랑은
저 멀리 있는 그대를
내 곁에 두려고 애쓰는 것이 아니라
그대와 나 사이에 흐르는 내 눈물강 위에
날마다 조금씩,
내 그리움으로 굳은 시간 모아
둥근 다리를 세우는 것이다.

굽은 못

실천 없이 엇나간 하루
또 비켜 맞았다
끝내 다하지 못하고
시절 밖으로 튕겨 나갔다

불혹이 다 되도록 어디 한 곳
깊이 박히지 못했다
쇠보다 단단한 결심으로
수 없는 계획을 때려 박았지만
수습해야 하는 건 구부러진 과오뿐

약해진 근력 때문에 헐거워진 하루
세우지 못해 쓰러진 꿈
언제 뽑혀 나갈지 모를 불안이
벌건 녹처럼 온몸을 얽어맸다

깊숙이 박힐 수 있을까?
옆구리가 늘 아팠다

사람의 깊이

가슴 크기와 온도가 정비례한다면
남자보다 여자가 따뜻할 거야
허벅지가 굵다고 해서 더 멀리 간다면
마른 사람들 억울하겠지

적당히 시야가 흐리면 좋겠어
너무 선명하면 안 볼 것도 다 봐야 하잖아
발아래 개미 때문에도 조마조마할 거야
거짓이 약이 되고 진실이 독이 될 수 있다는 걸
지나버린 어제 돌릴 수 없듯, 그냥 묻어두고
사는 법 깨닫는 게 쉽진 않겠지

스마트폰에 욕지거리하는 저 아가씨 누군가
던진 돌 때문에 물살 튀어 올리고 있는 거야
지난날 네 뾰족한 말, 바닥 깊이 삼키지 못하고
분노한 나는 너무나 얕았어

삶은 점점 쉬워져, 깊이를 알면 더 이상
탓하지 않아도 되니까
누군가 내게 물살 가득 젖게 만든다면,
얕은 강에 무거운 돌 던진 내 잘못이니까

사람이 산이다

어두운 계곡 하나 보여주지 않는 너를
품을 수 없었다

메마른 땅 등지고 돌아오는 길,
가지처럼 웃자란 욕심이 달빛 찌르고
깊이 파인 시절 어디쯤 흐르지 못해
고인 슬픔 출렁인다

욕심 많은 마음속에 사과나무도 심고
소나무도 심고 밤나무도 심어 얼른
자라길 기다렸으나, 너무 촘촘해서
어린 토끼 한 마리 뛰어놀 들판 없었다는 걸

햇살 가로질러 저만치 비켜가면
철없는 고라니 몇 마리 풀어놓고 캄캄해진
응달에 앉아 내 몸 뒤덮은 이끼 씻어낸다

슬픔 한 줄기 날마다 흘러 세월의 가장자리
허물어지는 아픔, 사람 속엔 키 큰 마음과
키 작은 나무 뒤엉켜 산다

셔터

내 안에 진열되어 팔지 못한 것들 아직도 많은데
떨이로 내놓은 마지막 자존심,
시든 배춧잎처럼 뒹군다
벌겋게 녹슨 꿈,
기다림을 다한 셔터가 쇠 마찰음 내린다

참 이상하지?
멀리서 온 어둠 북적이자 바람이 속삭이는 말과 함께
들리는 개미들의 발소리
멀고 먼 세월의 바다 찰나에 건너와
조금 전의 일처럼
너울 치는 기억

어둠 속 감았던 눈 다시 뜨면 보이지 않던 풍경이
눈의 조리개 속으로 수월하게 들어온다
어둠 위에 서야만 비로소 보이는 것들,

지난 시절로 방향 튼 그리움 깊다

발정의 계절

꽃가루가 천지다
제 한 몸 으깨 허공을 더듬는다

신기하지?
캄캄한 어둠 속에서도 찾아낸단 말이지
누가 가르쳐 준 것도 아닌데,

어디서 배우지 않아도 터득하는 것들
돈다발 들고 명 교수 찾아다니지 않아도
깊이 들여다보면 뻔히 보이는데,
진심이면 알게 되는데 말이지

배고파서 죽게 생겼는데
눈치 보며 밥 먹는 자도 있을까?
인파 가득한 시장통
암수 개 두 마리 사력을 다해 과업 완수 중이다

빨랫줄

언제나 넌,
집게가 잡은 그 사소한 시간만을 허락했다
처음부터 나는,
나를 적실 수 없는 삶을 완강히 거부했으므로
내가 잡을 수 있었던 것은 물기 어린 순간들,
예정된 절차를 알고 있었기 때문이었을까
네 슬픔이 마르면 마를수록 축복해주지 못하고
언제 떨어질지 모를 집게 이빨의 악력에 절규했느니
내 세월은 늘, 축축한
오늘 잡고 펄럭인 빨랫줄이었구나
텅 빈 하늘 온몸에 건 저 빨랫줄 바람에게
어제로 떠난 옷들,
그 말라버린 슬픔의 안부를 묻는다

지금은 어느 피붙이에 기대 잘 닳고 있느냐고,

펄

강렬한 그리움에 맨몸 드러낸 세월
수많은 인연들이 남기고 간 이별이 찍혀있다

추억이란 결코 아름답지 않아
홀로 곱씹어야 하는 펄 밭에 각인된 흔적일 뿐
내 영혼이 쩍쩍 갈라지는 간조의 시간

습관처럼, 저 먼 수평선을 바라보는 일이
눈물 증발 시키고 굳어 가슴 누르는 흙덩이가 되었다

만조의 시간이 올까?
그대 사랑 가득 들어차 내 메마른 펄 밭을
적셔 줄까?
내 초라한 청춘을 덮어 저 뜨거운 그리움에서
해방시켜 줄까?

거미줄

햇살도 바람도 드나들지 않는 곳
허공 한 줄 지워 기억 한 땀 엮는다
새벽, 촘촘해진 기억의 집
내 영혼 살찌운 순간들 칭칭 감아서
오늘도 식량 삼느니

우주를 건너는 일

별을 가진 사람들은 중력에 수긍하며 산다
그래서 한 사람이 한 사람에게 닿으려면
별과 별 사이에 드리운 허방을 건너야 하는데
어디, 흔적 보일 수 없는 그 길을 건너기 쉬운가

아주 오래전 네 별에 이르기 위해
내 삶 안에 안주시키는 중력을 자주 벗어나곤 했다

내겐 청춘이란 우주선에 탑재된 로켓 엔진이 있어
내 시야를 스치는, 네 사소한 빛남에도
예민하게 솟구치던 불꽃을
제어할 수 없었기 때문이었다

네게로 가는 길은 언제나
선체를 달구며 내리쬐는 태양열을 온몸에 흡수하며
바닥없는 어둠 위를 항해하는 일이다

부유의 시간 속에 녹슬어버린 우주선들
더는 타오르지 않는 불꽃,
때문에 더욱 아득해진 별과 별의 거리

한 사람이 한 사람에게 이르는 길은
망망한 우주, 그 중심으로의 던져짐이다

불의 책

짧았던 시절의 단문이 벌건 필체로 타오른다

불씨를 더듬는 오늘의 제목은 겨울
펄펄 날리는 하얀 백지 위의 주제를 곱씹는다

별에 닿기 위해,
깊이 팠던 막막한 시간 태우는 나뭇가지들

마르고 부러진 꿈들이 화려한 불꽃으로 만개하자,
앞장과 뒷장을 오가는 손바닥들
두꺼워진 열기를 온종일 읽어나간다

냉장고 울다

종일 잘 버텼는데
냉동실에 넣고 잘 얼리면 되었는데,

새벽,
어둠을 유영하던 곤한 서러움 한 줄
전류를 타고 복받쳐 들어왔는지
위~잉 흐느끼기 시작했다

달래기 위해 열어젖힐 수밖에

텅텅 빈 세월, 움켜쥘 수 있는 것 하나 없고
이처럼 슬픔 가득한 페트병 하나 달랑 남았나

유통기한 지난 시절,
포장 뜯어 속도 보여주지 못하고 떠나보낸 인연
뜨거웠으나,
차가운 슬픔으로 변한 순간 한 잔 따라 가슴 적시자
그제야 잘 자란 인사처럼 뚝 그친다

볼펜

잉크 한 방울 남기지 않고 다 쏟아낸 생은
얼마나 후련할까

짧지만 강렬하고도 아름다운 문장 하나쯤은
남겼을 거다
수북이 쌓인 세월을 훑어보지만
인연처럼 짧게 끝난 문장 뒤 새겨진
마침표들이 무겁다
되돌아 보면 낙서가 되어 버린 하루들
지우고 싶은 순간들이 참 많다

아침부터 저녁까지 이 칸에서 저 칸으로
부단히 옮겨 다니며
윗줄에서 아랫줄을 빼곡히 채워가는 동안
현실이란 악력을 견디며 찌푸려야 했던 날들
쉼표를 찍으며 한 숨 쉬기도 했다

방황은 스스로 던진 물음표
새로운 오늘은 늘 하얀 종이 위처럼
막막하고 낯설었다
고단한 몸 떠 받쳐 줄 밑줄 없는
백지 위에 서야 할 때면
아무것도 써 나갈 수 없어 그대로 드러눕곤 했다

누군가 한 번 읽어 주기를 소망했으나
들여다보면 고칠 곳이 한두 군데가 아니었다

통틀어 마지막 퇴고를 한다면
부질없는 모든 것을 지우고
사랑이란 두 글자만 남기고 싶다

허공 위에 만드는 길

밤새 비에 젖은 허공 다진다

바람을 등지고 곱씹는 세월의 밑단,
질퍽한 땅에 세웠던 무모한 순간들이
쓰러진 파이프처럼 널려있다.

바람이 먼저 밟고 간 허공 위에
발판을 놓는다.

올려다본 하늘엔 가닿지 못한 꿈이
발 디딜 수 없는 시간 속을 헤집고
내려다본 땅이 지난날처럼 아득해진다.

한 단, 두 단, 고층 아파트보다
먼저 올라가는 허공의 길
목수도 철근공도 그 길을 밟고 오른다.

6미터, 4미터, 2미터, 동강 난 파이프까지
저마다의 다른 사연들 이어 부치고 나면
마침내 우뚝 서는 하루

과욕을 부렸나
높이 세웠던 사랑이 아찔해지자
중심 잃은 몸이 휘청인다.

부화를 꿈꾸는 달걀

뜨거운 가슴 있어 괜찮아,
차가운 하루를 품는다

이번 달도 무정란이야
좁쌀만 한 월급, 이것저것 떼고 나면
닭똥처럼 흘린 눈물뿐이라고
태국에서 온 그가 뾰족이 내민 입술로
허공을 쪼았다

아침은 생살 뚫고 돋아났다
차마 품지 못한 순간들 빗자루로 쓸어내고
서로를 깨트린 말들, 이어 붙이고 나면
양계장 안엔 곤한 바람이 드러눕는다

햇살이 환풍구를 빠져나가고
바람의 모서리가 느껴지는 걸 보면
곧 겨울이 올 모양이야
식으면 끝장이야
우리 서로 온기를 지켜줘야 해

곤한 몸 뉘어 잠이 들면
세상 박차고 나와 날개 퍼덕이는 꿈들
삐약삐약, 노랗게 번진다

매운탕을 끓이다

한입에 삼키지 못해,
바늘 곁 뜨는 입 작은 문장들이
짙게 쌓인 어둠 출렁이면
예리하게 돋는 사유의 바늘,
깊은 바다에 던진다.

바다보다 깊어진 세월, 바닥에 닿지 못해
부유하는 미련이 고달프다.

월척을 기다리는 동안,
갈매기에게 떠난 인연의 안부를 묻는다.
곤한 바람이 내려놓는 무게를
가늠하기란 어렵지 않다.

물결 위, 빛 알갱이 뛰놀던 지난날이
급류에 떠밀려 아가미 베인 오늘을
위로할 수 있을까?
수평선에 닿은 오늘이어야만,
지난 풍랑의 세월 잠재울 수 있을까?
빛나는 하늘 올려 보다 고개 떨군다.

낚아 올린 중급 문장 싱싱함이 다하기 전에
백지 위에 가두어 놓는다
대어를 건져 올리면,
감성으로 파닥이는 지느러미 잘라낸다.
비대해진 살 발라내며 행과 행으로
칼집 내고, 연과 연으로 토막 낸다.
볕 좋은 날, 슬픔을 널어 말리면
짜지 않아 더할 나위 없다.

준비되면 뜨거운 가슴에 올린다.
과한 욕심에 흘러넘쳐 사라진 것들, 밑이
타지 않게 위아래 저어가며 퇴고하는데
짠 내음 저린 슬픔 하나 없어 싱거운,
그런 진짜 슬픈 인생이 아니어서,
천만다행이다.

순서

명당이라고 쓰인 복권방 앞
발 동동 구르며 이어진 긴 줄

망상과 희망의 간격은 얼마나 될까?
누군가 이룬 망상은 희망이 되고
이루지 못한 희망은 그저 망상인 걸까?

수많은 정자와 달리기에서
일등 한 축복을 누리면서도
복권당첨을 바라는 것은 과욕이다 싶어
발길 돌린다

모퉁이 돌아 나오자 보이는 장례식장
반백 년을 산 것도 이리 고달픈데
천년을 살라 하면 아이구야!

함박눈 같은 이를 드러낸 아저씨가
소수점 저 아래서 하던 말
이렇게 사다 보면 내 차례가 오겠지

이렇게 하루하루 살다 보면
확률 백프로 내 차례가 오겠지

제 2 부

동그라미의 슬픔

생을 연주하다

그렇게 대단한 악기는 필요치 않아요.
식지 않은 가슴 하나면 충분해요.
굴곡진 세월이 가슴에 높고 낮은 소리 내는
현을 만들었거든요.

얽히고설킨 시절이지만 각각의 현이
무슨 소리를 내는지 정확히 알고 있어요.
아주 선명한 기억을 내는 굵은 것도 있고,
얇은 것도 있어요.
아무리 세게 튕겨도 절대 끊어지지 않아요.
기억력은 너무나 질기고 탄탄하거든요.

흐린 날엔 비의 화음을 기다려요.
비에 젖는 풍경들은 또 다른 악보가 되지요.
가끔 쉼표처럼 비가 멎으면 도돌이표가 시키는 대로
첫 기억으로 되돌아가요.

단조로 연주한다고 인생이 슬퍼지는 건 아니에요.
운치가 있고 찌릿찌릿하잖아요.
눈물을 흘리면 얼마나 개운한지 아세요?
미움도 탐욕도 씻겨나가 맑아지는 기분,
세상에서 제일 착해지는 기분이에요.
진짜 원수도 사랑할 수 있을 것 같다니까요!

햇살 좋은 날은 장조로 바꿔 연주해요.
단조와 장조가 어우러져야!
제대로 된 맛이 나는 인생이잖아요.

음이 틀리고 박자를 놓쳐도 상관없어요.
다시 연주하면 그만이거든요.
내 인생인데 남들 알게 뭐예요!
내 가슴이 울컥울컥 뜨거워지면 그만인 거죠.

여러분도 한 번 연주해 보시겠어요?
다음 날이 새로워질 거예요.

한상차림

단 한 번도 허기지지 않았다

인생은 태어나서 맛보는 한상차림
너무 맛있어서 눈물겨웠다

많은 반찬 있으면 뭐하나?
먹고 살기 바빠 여념 없었다면
메마른 가슴, 미각 잃었을 것이다
값비싼 차에 대궐 같은 집에 살았던들
연민 한 점 없어
단 하나의 반찬도 맛볼 수 없는 삶이라면,

초라했지만 단맛 쓴맛 짠맛
다 맛봤으니
나는 미련 따위 없을 만큼 부유했다

사랑이란 공깃밥 한 그릇
숙취처럼 남은 미련
이별은 환상 깨부수는 가슴 찌릿,
해장국

매운 고추 하나 씹고 오늘도 나는
맛보는 감사함 잊은 채 인상 찌푸렸다

자전거

노래방에서 한참 울고 나오니
세워둔 자전거 실비 젖어있다

새벽,
찬바람 가르고 용역 사무실 달려가
저녁나절 내가 도착할 때까지
세워둔 모양 그대로 기다려 준

이런저런 방향 다른 생각 따라
핸들 이리저리 틀었어도
모른 척할 건데
한 발자국도 나아갈 수 없는
헛바퀴 돌렸어도 나무라지 않을 건데

기다림은 시간의 흐름 막아 오늘에서
내일로 가지 못하게 가로막은 벽
그래서 한결같이 기다리는 일은
열정 다해 움직이는 일 보다 곤한 걸

젖은 건 자전거뿐 아니었구나
슬픔에 젖은 내 모습 무거울까 봐

오는 길은 그냥 끌고 왔다

연탄

건물 모서리 부딪혀
바스러진 바람 날카롭다

정류장 옆, 가득 쌓인 연탄재
하얗게 태웠던 무수한 밤
구멍 속에 그을린 허파가 있어
들숨 따라 들어간 바람,
날숨에 탄내가 섞인다

주체할 수 없던 열기 때문에
화상 입은 시절
사람들이 던진 차가운 말,
달궈서 대꾸해주곤 했다

냄비 속 달그락거리던 청춘
설익은 비린내는 다 익었을까?
무모한 사랑이 바닥을 태워
추억하기 싫은 날 적지 않았다

어느새 사랑은 떠나고 열기 없는 몸
조심스레 손 담가 수온 확인하는 일이
하루의 채비가 되었다
버스보다 먼저 도착한 환경미화원이
고열에 시달린 밤들 수거해 간다

골판지

사각으로 쌓아둔 허공, 삐져나온 종이 한 장
흐물흐물해진 결이 무너질 듯 불안하다

괜찮아! 여린 종이보다 더 많이 젖은 종이 상자
통 큰 슬픔의 무게로
바람이 베어 물지 못하게 꽉 누른다

축축한 오전이 머물던 자리,
깊어진 시간의 골, 마른 오후가 들어찬다

한 주먹에 구긴 종이처럼
세월의 악력에 주름 가득해진 노인, 손수레
차곡차곡 눌러 담는 옛 기억들 무거워졌나?
어느새 방지턱 넘는 바퀴 꺼져있다

고물상에 하루를 부려놓고 나온 손
꽉 쥔 바람보다 가벼운 동전 몇 개 지폐 몇 장

저녁을 밟고 서자 멀리서 온 어둠,
골판지 같은 이마에 가득 고여 출렁였다

구멍

하늘도 골다공증 걸렸나?
헤아릴 수 없는 구멍 비집고 나온 별빛
우수수 떨어진다

철옹성 같은 세상에도 틈이 있었더라면,
모질게 나를 밀어내지는 않았을 텐데
바람의 통로 하나 없어 몸부림치는 저 현수막
기어이 허공에 난 결을 찢을 것이다

이별은 언제나 가슴 뻥 뚫었지만, 성숙하고
강해진다는 건 철갑 겹겹이 두르는 게 아니라
바람이 지나도록 구멍 뚫는 일이 아닐까?

앙상한 나뭇가지 끝 송이송이 맺힌 별빛
네 마음에도 깊은 구멍이 났으면 좋겠다

침

입술을 허락한다면 내 안을, 네 마음속으로
옮길 수 있는 통로가 생길 것이다
네 혀가 마중 나와 가슴 앓은 삶을
핥아 줬으면 좋겠다

세상은 늘 어려워 소화할 수 없는 내 마음
뱉어내면 초라해졌기에 어금니를 부추겨 으깬 나날,
가슴 깊이 삼켜 소처럼 몇 번이고 곱씹었다

오늘도 꺼내지 못한 말,
마른침과 함께 꿀꺽 삼킨다

그림액자

밀린 월세 구멍,
보증금보다 헐거워졌다

어디다 박을까요?

여백을 찾지 못한 여자가
누렇게 들뜬 벽을 더듬었다
쾅쾅,
청춘을 빌어 내리쳤던 힘이
중심을 비켜 맞았다

네 마음 어디에도 박힐 수 없었던,
허공으로 튕겨 나간 말들

갈수록 단단해진 벽
뾰족이 치솟던 혈기는 뭉툭해졌다

쾅쾅,
변두리로 쫓긴 몸,
또다시 구부러진 과오를 주워 담는다

겨울 추위는
기다림의 밀도와 정비례했다
범부도 되지 못한 생,
냉기 스민 바닥을 뒹군다

아저씨 저기가 좋겠네요.

네 가슴 어디에도 걸리지 못해
세월의 귀퉁이 떠돌던 그림 액자
부랴부랴 마련한 싸구려 월세를 내고
주인 눈치를 보고 있다

목욕탕 사람들처럼

거짓말 못하는 알몸 위의 치부
옆구리 닳은 어제 메고 목욕탕에 들어서면
하루의 무게 벗어던진 시간이 펼쳐진다

저마다 다른 가슴의 온도
처음부터 적정 수온 찾을 수 없었기에 서툰 손길
따가운 실눈 더듬어 가는 오늘
뜨거웠기에 화상 입은 사랑 차가운 이별 앞에
가슴 오므라들기도 했다

때론 속살로 서 있어야 하는 일은 각질처럼
쌓인 지난날 회상하며 벌겋게 쓰려 오는 허무를
견뎌야 하는 것
벌거벗은 사람들 보며 나는
찌든 상처 다 밀어내고 처음처럼 서고 싶어진다

쓰라린 시간 위에 비누거품처럼 보드라운 내일을
다시 한번 덧칠하고 싶어진다

동그라미의 슬픔

동그라미는 좋겠다.
내 몸 어딘가엔 아직도
갈아내지 못한 분노가 있어
타인을 찌르곤 하는데

닳고 닳아 뭉툭해진 건 모뿐이었을까?
사포처럼 거친 세월도 닳았을까?

가끔, 부끄러운 모 하나 꺼내
변에 붙여 보곤 했다

철없는 세모, 욕심 많은 네모,
고집 강한 마름모,
곳곳에 찍혔거나 파인 자국 가득하다

달고나를 아시나요?

국자 속에 빠진 아이들의 눈빛이 녹고 있다
너무 뜨거워서 만질 수도 맛볼 수도 없는,
아저씨가 집어 든 젓가락 따라 아이들도
늦은 오후를 휘젓는다.

턱을 괴고 기다리던 맑은 눈이
타들어 간 연탄처럼 까매지면
아저씨가 집어넣는 한 숟가락의 소다 때문에,
아이들의 기대는 부풀어 오른다.

꼬마들아 무슨 모양 찍어 줄까?
별요, 네모요, 세모요, 동그라미요,
아이들은 저마다 다른 꿈을 이야기하고
한 아이는 넓게 편 달고나가 굳기 전에
엄마를 찍는다.

아이들의 침 묻은 작은 바늘이
더디고 짧은 걸음으로 꿈을 밟는다.
모양 잘 오려내면 하나 더 만들어 줄게요.
아저씨의 말은 세상에서 제일 달콤한 맛

아저씨!
이거 오리면 제 엄마 꼭 오는 거죠?
밑이 까맣게 탄 국자처럼 가슴 바닥이
뜨끔해진 아저씨가 머리를 쓰다듬는다.

어느 순간,
별이 깨지고 네모가 깨지고 동그라미가 깨져도
울지 않는 아이들

헛된 꿈이었을까
깨져버린 기대 때문에 가슴 철렁 내려앉은 아이
오빠야, 집에 가자 엄마 왔을지도 모른다.
저보다 두 살 어린 여동생이
오늘도 오려내지 못한 오빠의 깨진 부스러기를
입안에 넣고 오물거린다.

오빠야, 참 달달하다.

돋보기가 필요해요

가속도 붙는 시간 탓만은 아닐 거예요
먼 곳에서 훤히 보이던 교차로였는데
생각보다 두껍게 쌓이는 황사 먼지,
신호등 눈치 보며 기어 내리기 시작합니다

오후 되자 고속 기어 올리지 못하는 손
확신할 수 없는 마음에 직진하지 못해
골목 귀퉁이 서성인 날 많았어요

바닥이 된 고양이에게 건너편은
얼마나 먼 곳이었을까요?
세월의 중심 벗어나 전복된 죽음 모른 척,
한 치 앞도 모르는 내일 이야기했던 것이
부끄러워요

가슴을 옭아매는 코 힘주어 풀어도 꽉 막혀
나아가지 못하는 현실, 흐릿해지는 기억력

멀리 사는 며느리에게 가기로 한 약속 깜박했다고
혼난 사장님, 가까웠으면 기억했을까요?
그런 말 들은 적 없다고 우기다
사모님과 물 베기 한판 하셨답니다

저녁은 또 무얼 먹어야 하나요?
수 갈래 길이 교차하는 퇴근길
빨간 불, 파란 불 몇 번이나 바뀌고 바뀌었는데
우두커니 선 문지기, 열쇠를 잃어버린 걸까요?
굳게 잠긴 문 열지 않네요

그물이 던져지면

시간 넓이로 짠 그물코는 쉽게 빠져나가,
분 단위로 촘촘하게 엮었다
밤새 담가 놓은 해 끌어올리는 어선들
파도와 햇살이 부딪히는 교차로
느려진 해류를 엿보던 자동차들,
뻥 뚫려 치솟는 파고 위에 올라탄다

업무 계획과 약속 시간이 엉키지 않으려고
쉴 틈 없이 파닥이는 지느러미

아직도 사랑은 낯설어 엇나간 투망,
실수한 말과 잘못된 계산이 있었나?
오후가 되자 더욱 촘촘해진 그물

어느덧 만선의 하루
심해 깊은 지하역 마다 무거워진 그물 풀어
쏟아 놓는 멸치 떼

망망한 하루 무사히 건넌 아가미,
벌건 숨 몰아 쉰다

마천루

빛의 추궁에 거짓 없이 들킨 어둠,
구석으로 내몰렸다

삽으로 찍은 자리,
아물지 않은 균열 건드렸나
선명하게 흘러나오는 샘물
움푹 파인 골마다 출렁이는 망치 소리 고인다

출구를 찾기 위해 더듬거린 나날, 물컹한 슬픔
적절히 섞은 시간들 철근에 엉겨 붙어 굳어졌다

형체를 이루지 못해 흩어진 모래 빨
고압물살에 쓸려나가고,
바닥 두껍게 박히는 기둥

지상을 들어올리기 위해 오늘도 지하는
깊어진 어둠 묵직한 밀도를 키웠다

허虛

수 갈래로 나뉜 나뭇가지 크기 다른 잎과
농도 다른 과실을 달고 제 자랑하지만,
결국엔 한 뿌리로 아플 것이다.

겨울날 나가서 보니 잎 떨군 자리 묵직하던
무게만큼 넓어진 허공 대롱 달고 있었다.

늙어서 탐욕만큼 추한 것이 또 있을까?
움켜쥐면 피울 수 없는 꽃,
두 손 활짝 펴야 맺을 수 있는 과실,
그 열매를 나는 허라고 명명할 것이다.

내 할머니는 밤 가시처럼 따가운 세월 속에서
섬진강 푸른 물살처럼 출렁이며 사시다가
겨울 지나 봄이 올 무렵, 여린 고사리처럼
자신을 꺾으셨다.

나 대신 무덤가를 지키고 선 나무는
앙상한 가지에 드리운 허공의 깊이만큼,
허를 풍성하게 달고 있었다.

한파

수도꼭지 약간 열어놓고 잠들었는데 밤새,
툭툭 떨어진 설움 타일 위에 그대로 얼어붙어
기억 저편으로 흘러가지 못했다.

티브이를 켜자 유격 없는 앵커의 입에서
동파된 사건 사고가 힘겹게 흘러나오고 있었다.

세상은 추워서가 아니라
울지 않는 사람들 때문에 얼어붙었다.
마음의 문 잠갔기에 흐를 수 없는 슬픔,
얼음 되어 통로가 꽉 막혔다.

드라이기 들고 냉기 서린 수도꼭지 달구자,
가슴 시린 기억 떠오른 듯 펑펑 울어 재꼈다.

일기장

두꺼운 세월을 펼쳐 날짜를 넘기면
거기 그렇게,
화석이 된 순간들이 붙박여있다.

저희끼리 약속한 문법과 띄어쓰기는
언젠가 뒤바뀔 세상의 질서일 뿐
나의 규칙이 될 수 없었다.
타인의 삶을 베낀 필사본이었다면
진정한 일기가 될 수 없었겠지

같은 궤도를 돌고 도는 행성들은
얼마나 지루할까?
중력을 벗어나 너와 다른 생각을 했기에
우주에 던져진 듯 막막했다

하루 이틀 건너뛴 여백처럼
기억 속에서 사라진 이름들
삐뚤삐뚤 기울어진 필체, 정자처럼
반듯하게 걸어온 생이 아니라서
내 생긴 것처럼 초라하지만
엎어지지 않아 다행이다

아직 써 내려가지 않은 날들
잡을 수 없는 꿈이 아닌,
변치 않는 소망이었으면 좋겠다

고사리

흐린 오전 얽던 할머니 따라
처마 끝 야윈 거미 분주하던 그날
고추장보다 빨간 욕설 비빈 밥상 엎은 아들,
찬장 속
말라비틀어진 지폐 들고 신작로를 짓밟았다

녹 부스러기 일어난 대문을 미는 풀독
벌겋게 오른 손등
키 내민 지 얼마 되지 않은 고사리 꺾을 때면
일찍 어린 장 꺾인 손자가 더없이 가여웠다

저울 한 눈금 올리기 위해 가파른 경사
오르내린 세월
기대는 짊어지고 내려온 한 보따리 가득
무거웠지만
허리 휜 하루는 삶아서 널어놓은 햇살처럼 말라갔다

칠 남매 북적이던 마당이었으나,
손자 녀석 뛰어놀던 한 귀퉁이 채우기에도
턱없이 모자란 고사리 몇 근

목줄 괜히 풀어주었나? 며칠째 돌아오지 않는 누렁이
산비탈 오르며 밝아진 오전과 어둠이 삼킨 오후
헤아릴 수없이 시장에 내다 팔았건만
집 나간 손자는 여태 마당 밟지 않았다

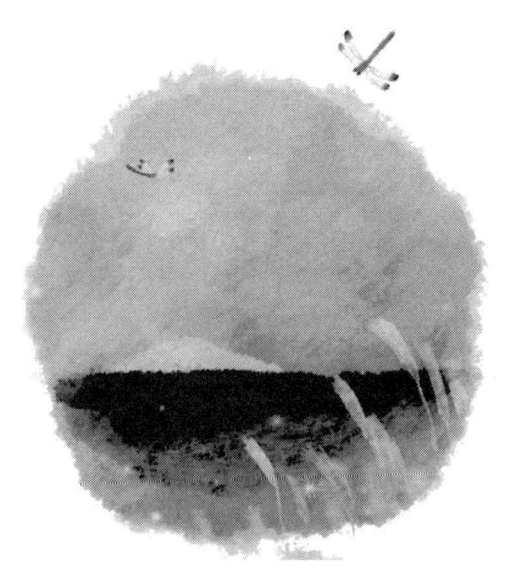

막조개

밤새 뒤척인 산등 보다 먼저
이불속 어둠을 깨웠다

밤의 마당 지키던 장독대
감나무 가지 잡고 울먹인 달빛 지붕 아래 눕고
동네 개들 따라 짖는 누렁이,
마당 위 어둠 쫓아내기 시작하면 대나무 숲,
상념 따라 뒤엉킨 바람 풀며 강으로 나가시는 할머니

물줄기 두툼하게 키워 바다로 출가시킨 강
푸르게 출렁이던 시간은 어디로 흘러갔을까?
얕은 햇살 첨벙 튀어 올리는 녹슨 거랭이 자루
물속에 잠긴 몸 따라 젖어든 사연
바구니 가득 건져 나오는 아낙들

슬픈 생 강가에 널어 말리며
포대에 담아내는 건 모래 속에서 들추어낸
이 집 저 집, 자식들도 모르는 사연들

젖은 옷깃 잡고 따라온 굽은 그림자
정오의 태양 아래 꼿꼿이 허리 펴면
벌써 만조가 되었나?
마당 가득 부풀어 오른 햇살 속 꼬리로
헤엄치는 누렁이 짤짤해진 하루를 핥는다

제 3 부

항해일지

모서리

귀퉁이 닳은 밥상
국그릇도 없는 수저 한 벌,
오래된 밥그릇과 함께 씹어 삼킨 끼니
영혼을 살찌우는 것이 사랑 아닌
고독이란 것이 신기했다.

날카롭던 분노,
세상을 이겨보려고 그 많던 나날
뾰족한 모서리 세웠건만,
닳고 닳은 건 나일 뿐

수없이 부러트린 상념,
젊은 날 서성인 수 갈래 골목길 또한
귀퉁이가 반들반들 윤기가 날 것이다.

늙어가며 뭉툭해지는 것을 자랑 말고
뾰족해지는 사람들 이해하기로 했다.
나 또한 버리지 못한 욕망 때문에
아직은 죽지 못하니까.

은행에서

잊었던 일들이,
통장 위에 찍힌 잉크처럼 선명해진다
담보로 저당 잡힌 청춘은
빚을 갚고도 돌려받지 못했다

사람들은 대출금으로 집을 샀다
다달이 원금과 함께 자유를 송금했다
나는 자유를 대출받았다

자유로 그리움과 뜨거운 가슴을 샀다
캄캄한 절망을 사고 복권처럼,
단지 기대뿐인 꿈을 샀다

이자는 너무나 비싼 외로움

뒤돌아선 사람들이 남긴 건
추억 아닌 잔액 없는 막막한 날

빈손,
값을 내고도 아무것도 잡지 못했다

여백을 다 채워
누구와도 소통할 수 없는 지난날이
통장과 함께 버려졌다

옹이

계절이 돌돌말린 화석이 되어 한 아름 이룬 둘레
중심을 앞에 두고 방심한 톱날, 더는
파고들지 못하게 막아선 딱딱함이 느껴졌다.

도드라진 상처 가리기 위해 칭칭 두른
봄 햇살 위에, 이파리 끝 태운 청춘의 열망이
식은 재처럼 굳었다.

바스락이는 이별을 감내한 뒤 살갗 뜯던 나날
온몸에 휘두르고 나서야 단단하게 여문
그리움 하나 깊어질 수 있었나?

세상은 온통 바람의 유혹,
잡을 수 없다는 걸 알기에 흔들리지 않는 생
우뚝 키웠다.

톱니바퀴

둥글게 살아야 한다고 해서
불끈 튀어나온 하루를 잡아 돌렸다

지나온 자리마다 날카로운 모투성이
외면한 자리마다 움푹 파여 있다

그리운 것들은 중심에 있었지만,
세월 밖으로 떠밀린 시간이
반지름의 끝에서 서성거렸다

슬픔이 움푹 들어간 자리에는
불쑥 튀어나온 기쁨을 넣고
날카롭게 튀어나온 분노는
깊이 들어간 용서의 우물에 비볐다

튀어나오고 들어가는데 없이
깨끗하게 완성된 원,

불쑥 튀어나온 나는
움푹 들어간 너를 기다린다

수족관 속의 새우들

안주는 새우튀김으로 시켜놓고
능청스럽게 수족관을 바라보고 있는데,
스마트 폰 위로 불쑥 새우 한 마리가 튀어 올랐다

망망했던 시간이 뾰족한 칼로 새긴 판화처럼
찍혀있다
수족관에서 퍼 올린 새우처럼 더 이상
호명할 수 없는
이름을 하나 둘 지우고 나자,
명부는 이름보다 무거운
적막을 늘이며 굽어졌다

겁을 잔뜩 먹은 손을 차가운 물속에 담근다
누군가 결혼했고, 누군가 집을 샀고, 누군가
승진을 했다는 소식들이 지느러미처럼 파닥이던 어제,
오전이 다 가고 늦은 오후에 들어선 지금
무소식이 희소식이다

살아온 날보다 살아갈 날이 더 많았을 땐
수많은 계획들 때문에 답답했지만
살아온 날이 더 많아진 지금, 계획은 간단명료해졌다

상여는 내일 나간다고 늦게 전화해서
미안하다는 목소리가 어둠보다 짙다

마지막 남은 새우를 잡은 거라고 인심 좋은
웃음과 함께 내려놓은 사장이
어느새 밤의 셔터를 내리고 있다
몇 개 남지 않은 이름 중 하나를
그물채로 건어 올리자,
거기 그렇게 등 굽은 시간이 출렁거렸다

스트라이크를 위하여

사는 일은 하나부터 열까지 세운 계획
온몸 부딪히는 일이다

묵직한 새벽의 무게 들고 제일 앞에 서는 일
더 이상 일상이 되지 못했다

잊겠다고, 어금니에 힘준 날들,
오늘도 쓰러트리지 못해 귀퉁이에 서 있다

20미터도 안 되는 레인의 길이가 꿈꾸는 자에겐
그토록 머나먼 거리였을까?
틈 한 곳 없는 회전력으로 나아가지만
엇나간 길의 도랑에 빠지기 일쑤다

칭찬에 또 어깨 힘 들어갔나?
뒤늦게 빠진 손가락이 아주 얼얼했다

허락되지 않은 중앙의 길, 아무도 범접지 않는
가장자리에는 아직 마르지 않은 오일이 남았을까

한 순간 방심을 노리는 낭떠러지 옆에 두고
굴러가는 하루가 마찰열 돌돌 말았다

공기뿐인 풍선, 실체 없이 부푼 환호
옆 레인에 또 스트라이크가 터졌나?
공이 핀을 때리는 소리보다 세상은 온통,
손뼉 치는 소리가 더 요란했다

주낙의 숙명

집도 절도 없이 가진 거라곤 뾰족하게 세운 그리움뿐
미끼 없는 맨몸, 망망한 뻘 속에 진을 쳤다.

바늘 끝 휘어진 아픔 맛본 후에도 다시 처음처럼
사랑할 수 있을까?
그 어떤 가슴에도 박히지 못해 수확 없이
걷어 올린 주낙

또 한차례 시련 후 냉혹한 해류에 닳고 닳아
뭉툭해진 몸,
먹빛 젖은 기억 거칠거칠한 줄로 갈아냈다.

때로는 떼어내지 못한 두려움
바다로 뛰어들기를 망설여
허공 흥건하게 파고들었다.

깊어진 시간 출렁이는 심해 수압에 눌려 납작해진 어둠
거둬내고 오롯이 바닥 묻혀 오는 너를 기다린다.

갑판 위 햇살 부수며 올라오는 홍어,
분주해진 등처럼 가닿지 못한 시절은
언제나 그을려있었다.

장마

북적이는 사람들 가쁜 숨을 찍는다.

구석에 모인 골목과 모서리가 작당 모의를
한건 어제 오늘 일이 아니었다.

노파는 장사할 생각이 없는지 좌판 위에
잡동사니 생각들을 올려놓았다.
포장된 세월도 올려놓고 파리를 쫓았다.
뜯어보고 싶었지만 가격도 비싸거니와
노파가 한 보따리 풀어놓는 이야기 들어줄
시간이 없었다.

자식 생각 손자 생각, 아들 승진한 이야기까지
무거워진 건 시장통만이 아니었다.
면적도 뺏겼으니 심술 날만도 했다.

가격을 묻는데 흥정은 봉지 속에 담고
집 나간 며느리 이야기를 덤으로 주었다.

후드득, 선전포고도 없이
몸살 난 시장통 위로 불시에 들이닥친 비,
우산 없는 인파들 먼저 가장자리로 몰아내고
빗줄기 굵게 키웠다.

폭설

내려놓아야 할 때를 알고
탈탈 터는 손은 얼마나 아름다운가

꽉 쥔 주먹 아닌
다섯 손가락 펴서 녹이는 일

타들어가던 시절 지나
겨울의 복판에 서 있다

분분한 눈발
결빙의 나날 견디며
지금은 식어져야 할 때

꿈 깨자 환상과 착각 모르고
비몽사몽 흔들리는 마음
바로 세우는 어느 날

찰나를 지나 영원에 드는
내 영혼의 맑은 눈

종이접기

또 하루 접는다

약속한 계절은 기다림 저버리지 않는데
종이처럼 구겨져 기약 없이 사라진 시절

반으로 접었다 편 종이, 중앙
가로지른 주름이 지난 세월 텅 빈 아래 밟고,
기대처럼 남은 위 여백 떠받들었다

예열 기다려 뜨거워진 가슴으로 문지르면
신권처럼 구김 없는 청춘 되찾을 수 있을까?
언제나 접힌 자리 발판 삼아 딛고 일어섰다

점 하나 없이 하얀 종이처럼 텅 빈 하루
그리움 한 줄 더하지 않으면
적막해서 견딜 수 없었다

마음 접으며 돌아서야 했던 순간들
반 접은 종이, 다시 반 접고 접다가, 더는
손에 잡히지 않을 만큼 작아져 펼쳐본 인생,
날실과 씨실처럼 얽히고설킨 상흔 가득했다

도대체 나는 누구인가?
접지 않으면, 그 어떤 모습도 될 수 없었다

항해일지

그녀가 허락하자 노를 담가 그녀의 살결을 젓는다
심연 속 그녀가 품고 있는 것들이 궁금하다
한 몸 된다는 건, 기억과 기억이 맞닿는 곳
그 경계를 허물어트리며 파동이는 물결을 맛보는 것

이 바닷속 해초들처럼 엉킨 사연들도 있을 것이다.
이미 오래 전 이 바다를 먼저 훑고
지난 배들도 있었겠지
그래, 누구나 두껍게 쌓인 세월의 때를 문지르면
벌겋게 욱신거리는 기억위로
스쳐간 인연의 냄새가 돌돌 말려 일어 날 것이다

노가 움직이는 힘의 질량만큼 그녀가 리듬을 타며
살결을 뜯는다. 궁금하다 이 바닷속
물고기들의 이별이 이토록 짜게 만들었을 것이다

궁금하다 이 가슴 속 절망보다 캄캄하고 죽음보다
차가운 적막이 있을까

궁금하다 이 물결 아래,
햇살의 반짝임이 와 닿아 물결을 넘실거리는
이 눈부신 광경은, 꿈보다 더 허망한 거짓

나는 궁금해서 노를 계속 젓는데,
바다는 나 더러 더는 알지 말라고,
더는 보여 줄 수 없다고,
빠져 죽을 자신도 없을 것이라며,
나를 계속해서 저 아득한 수평선으로 떠민다

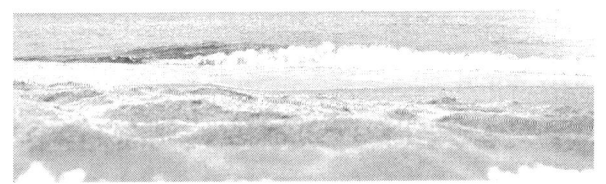

밤사락

그때,
산 등 오른 할머니의 지팡이
가시처럼 따가운 세월 더듬어
영글진 나날 한 톨 한 톨 줍고 계셨다.

풍년인 밤 농사, 셋째가 장가들어
손자를 안겨줬을 때만큼 기뻤을까?

밤나무 이파리 내려앉은 햇살
주름진 손마디에 잔뜩 묻으면
산허리 휘도록 누르며 내려온 밤 포대

마른 밤사락 벌레 먹은 자리
손자 뛰어놀다 던지고 간
지붕 그늘 빌려 어루만지는 손마디

첫째가 낙지 삼키다 숨 막혀 죽은 날
제일 큰 애벌레가 가장 탐스런
알밤 속 헤집고 들어갔을 것이다.

뙤약볕 누그러진 마당 누운 지팡이
그 숙면의 시간 빌려
귀퉁이 뜯겨 검게 변한 상처
살각살각, 도려내고 계실 때

저녁은 또다시, 아궁이에서
갓 피어난 연기처럼 오고 있었다.

프로 미장

마당이 갈라졌다는 전화가 왔다

고온의 날씨였고,
창문도 없어 바람막이 하나 없었다
시멘트와 골재가 부둥켜안아 한 몸 되기 전에
증발한 수분
밤새도록 떠올릴 슬픈 기억 하나 없었나?
저 먼 별, 광활한 세월 가로지르는 고단함
귀퉁이 희미하게 앉은 빛만큼이라도 서로를
이해했더라면 균열은 없었을 것이다

굳기 전에 슬픔 말리려 애쓰는 사람들
예수님 같은 희생이,
세상을 등진 사명감이 대수일까?
곤한 새 한 마리
짹짹거리는 이슬 한 방울만 맺을 수 있어도
저리 쩍쩍 갈라진 삶은 아닐 것이다

서로의 슬픔 보듬는 사랑은 단단하게 양생 되어
시련의 하중 너끈히 견디지만 뜨겁기만 한 집착은
서로의 가슴에 균열내고 만다

슬픔 참지 못해 콘크리트 위에 올라온 물
걷어내는 아마추어들은 집에 일찍 가고,
빨리 마를세라 물을 더 뿌리는 프로는,
오늘도 닳고 닳은 미장칼 들고 자신의 바닥
수없이 다지고 다진다

주름진 옷

세월의 각질,
쌓여가는 알몸 한 벌 입고 걸어왔다

변두리 홀로 기웃거린 나날,
바람처럼 손에 꽉 쥘 수 없는 꿈이
막다른 골목에 부딪혀 사라지고

방향 정하지 못한 갈림길에서 펄럭였을,
그 몸 살펴보니 구김 가득하다

삐걱거리며 오늘에 당도한 관절일수록
실밥처럼 닳고 터진 어제 덥수룩하다

예열 기다려 마침내 뜨거워진 다리미로
쫙쫙 펴는 옷가지처럼, 어느 날 문득
구름 걷히고 햇살 따뜻한 하루 만나면
네 가슴 빌려 구겨진 나를 말끔히 다려야겠다

못의 노래

나아가면 나아간 만큼 멀어지는 수평선
선체가 되어 내일에 닿겠다던 꿈은 과분했던 걸까?

이 세계를 움직이는 톱니가 되었다면
시곗바늘을 꼬득여
어제와 오늘을 넘나들 수 있었을까?

한 시절이 끝날 때마다 다시 용광로 속에 던져졌다
부러지지 않을 거야 활활 타오른 결심
잊지 않겠다고 두들긴 순간이 먼저 담금질되었다

둔탁한 망치의 질량 받아 낼 때면 멍든 시간
네 심장 깊이 박히는 칼이 되어도 좋았다

어느덧 귀퉁이로 내몰린 생
녹슬었어도 박힐 수 있어 다행이다
오랜 여정 해지고 실밥 닳은 사연 한벌 걸어 둘 수 있으니,

나는 아직 쓸모 있는 몸

종이에 베이다

계절이 왔다간 자리 두툼하게 아문 흔적들
하나 둘 지우고 지워 텅하니 남은 알몸 하나에도
툭툭 끊어진 삶의 절단면 포플처럼 일어난 흔적 같은,
버리지도 지우지도 못한 날카로운 날 하나
남아 있었던 것일까?

이제는 선명하게 일어나지 않는 기억 저편을 무심히 스치다 살이 베였다.

아무리 찾아보아도 보이지 않는 날
입 바람이 건드린 미세한 허공의 파동 앞에도
그 심연을 파르르 떨고 마는 낱장
그 속에도 허물지 못한 세월의 층이란 것이
아직 있었던 것일까?

그리하여 그 깊숙한 곳 은밀한 곳에
숨겨둔 비수가 있었던 것일까?

깎이고 깎여 바닥에 마지막 생을 뉘인 몸
뿌리라 뽑히고 전신이 동강날 때까지도
아무 반항 없던 몸
손아귀에 쥐여 이리저리 휘둘리며

구겨질 때까지도 불평 하나 없던,
그 몸이 내 손에 날카로운 피 한 방울
흘려 놓았다.

송전선

날마다 전송한다.

바다가 골짜기에 꽃이 나비에게
나무가 새들에게, 새들이 하늘에
하늘이 우주에, 내가 너에게

타들어가는 고통 없다면
고물상에 버려진 폐전선과 무엇 다를까

날마다 나를 전송하지만
활처럼 휠 수 없는 자존심 때문에 세상과
평행을 이룬 나는 끝내 너를 안을 수 없다.

찌릿한 영혼의 절규가 있는 한
깊이 살아있어,
사랑의 동력원이 되리란 걸 믿는다.

전기밥솥

중고나라에선 산 전기밥솥,
수 년째 초라한 저녁을 데운다

끝내 시절 밖으로 떠난 사람들
누룽지처럼 떨어지지 않는 기억들
철 수세미로 긁다가 후끈 달아오른다

누군가의 하루 살찌우다 내게로 와서
뜨거웠던 순간들 회상해 놓는다

슬픔은 차가운 눈물 아닌
아직도 뜨겁기에 칙칙, 허공 적시는 김 같은 것

종기

샤워하다 발견한 어깨 위의 종기
하고 싶은 말이 있다는 듯 붉어졌다
냉정히 돌아서던 세상을 향해
다 뱉지 못하고 삼킨 언어처럼
마음속을 배회하다 부풀어진,
출구를 찾지 못한 꿈들이
결집하여 이룩한 침묵의 집

머나먼 기억을 떠올리듯
문을 두드리자 오래 묵은 꿈들이
파노라마처럼 흘러내렸다
내 둔중해진 세월의 몸에도 이처럼
도드라진, 시간의 집들이 있어
지금 이 순간에도 곪아 가고 있을 것이다
아직 멀었다, 내일을 기약한 꿈들
그 모반의 날을 키우고 있을 것이다

세월

이제는 닳고 닳은 삽날

얼마나 더 스스로를 찍어야

깊어질 수 있을까?

얼마나 더 뜨거워져야

냄비 뚜껑 달그락 거리는 눈물

가질 수 있을까?

이불을 개며

방바닥 한편, 그가 버리고 간 이불을 개며 문득, 뒤척였던 어제를 생각한다. 맨살을 비비며

늘 나와 동거했던 것들, 내 호흡 깊숙이 와 닿아 함께 들썩이던 것들, 발길에 늘 걷어차이던

그것들이, 결국 나를 감싸 안았던 전생이라 생각하니 창밖의 어둠이 갑자기 고요해진다.

갑갑한 어둠을 유랑하던 불면의 순간들, 미처 개어 놓지 못하고 온 그 순간들이 내 의식을 감

싸고 내 호흡과 늘 함께하던 것이라 생각하니 아무런 까닭 없이 씁쓸해진다.
새벽, 허한 가슴으로 스민 서늘함이 짙어질수록 궨실히 꽉 끌어안게 되는, 이 낡은 생 한 벌!

제 4 부

서정시처럼

서정시처럼

우리가 딱 서정시처럼만 살 수 있다면,
역행을 모르는 물길처럼
생의 마른 길을 적시며 흘러와
우리의 타 올랐던 날들
핏빛 물비늘로 풀어놓는 바다가 되어
저녁나절,
반쪽의 빛과 그 반쪽의 어둠이 뒤섞여
자아내는 허공처럼
그 허공을 살며시 잡았다 놓는 파도처럼
그렇게 우리가 서로의 깊은 곳을 일렁일 수 있다면
먹빛, 크게 들이쉬는 바다의 허파처럼
부끄럼을 묻고 캄캄해진 우리의 일생이
철썩이는 파도 소리로 부서질 수 있다면
우리의 환했던 날들이 끝끝내 저물고
우리의 몸짓이 그렇게
서정시 한 편으로 남을 수 있다면
그리하여 또 다른 일생이 그 서정시를 잡고
마침내 퇴고의 순간을 맞이할 수 있다면

자의 반 타의 반

짙은 마누라 잔소리 피해
제일 먼저 빛을 밝힌 인력 사무소

여보 오늘은 좀 쉬면 안 될까?
뼈대 굵은 몸 쓰러질 명분 없어 뱉지 못한 말

세상에 나온 건 타의라지만 사는 건 자의라
불평 없다는 박 씨, 흐린 하늘 눈치를 본다

담배 물고 밖으로 나온 소장,
새벽 일찍 나온 사람들 눈치
마른 의자 위에 축축한 사연 적신 최 씨의
점점 굵어지는 넋두리 때문일까?
드디어 명분 생긴 이씨

여보 오늘은 쉬라네
구박할 명분 없는 마누라는 자의 반으로
점심 준비를 하고 고등어 한 마리,
타의 반으로 빗소리 속 출렁이며 헤엄친다

모기는 황홀한 순간에

날개짓에 파인 허공이 깊다.
세월의 변두리를 두리번 거리던 내 시간들 또한
그만큼이나 깊고 가파른 단층을 만들었을 것이다.

날개를 긁는 저 마찰이 허공 위로 쌓이면
녀석들은 오늘도 제가 쌓은 마찰을
스스로 거두어야 할 것이다.

살아야 할 이유란 결국,
갈증을 키우는 일이어야 했을까

그리하여 뱃속을 파고드는 허기를 부여잡고
낯선 동네 어귀를 기웃거리듯
누군가의 피부 주위를 배회 하였는지도 모른다.

솜털의 촉감이나 피부의 윤기정도는
애초부터 관심 밖이었을 터
뜨거움이 선명하게 와 닿는 피 한 방울
그곳을 향해 뿌리내려야 했을 생이란 이름의 촉수
모든 시간과 풍경들이 방심한 순간,
피를 흡수할 것이다.

여태 한 모금의 피 맛을 보지 못한 녀석들만큼이나
급하게 짙어지는 초 가을밤

탁!
모기는 황홀한 순간에 최후를 맞는다.

우물

달빛을 긁는 저 것,
차갑게 들어찬 시간의 질량을 비집고
드러내는 기억의 파동이다.
세월이란 깊었다고 누가 감히 말 할 수 있을까
돌 하나 던지자 이내 닿고야 마는
저 캄캄한 바닥처럼
천 년의 세월이 이루어낸 저 물결층을 관통하여
바닥에 닿는 것들이 아직도 남아 있는 한
내 출렁이는 오늘을 떠 받들고 있는
어제 또한 지극히 얕을 것이다.

저 우물 바닥
허공이 마주 하는 경계를 바닥으로부터
조금씩 위로 밀어 내었을 것이다
그리하여 바닥과 허공의 경계 사이에
들어차던 육중한 무게 아래,
제 바닥을 온전히 묻을 수 있었으리라
하지만 내가 돌을 던졌을 때
우물은 파르르 떨며 무너지는
어제의 시간들을 확인해야 했다.

단단히 응집하여 굳은 줄 알았던 어제의 시간들이
날카로운 파편으로 부서지며 벽에 와 닿아 전하는
시린 마찰을 맛보아야 했다.
돌 하나 던져질 때 마다 확인해야 하는
저 까마득한 바닥
맥없이 무너지는 그 수많은 물결층
얼마나 더 쌓아야 바닥에서 멀어질 수 있을까?

세월의 심연을 휘저으며 가라앉던 돌
바닥 깊이 삼키자 그제야 파문일던
기억들이 고요해졌다.

장작을 패며

하룻밤의 따스함을 위해
도끼는 나무를 건드리기로 했다.
생이 동강 난 것들,
도끼와 사전 모의한 톱날이 먼저
허리를 파고들 때에도
반항 없이 잎 새를 부르르 떨던 것들,
자유를 위해 떠나던 새들의 발을 놓아주며
바람이 짙어지고 온 허공의 말을 곱씹었을,

짱! 짱!
도끼의 무력 앞에 하염없이 무너진다
햇살을 가득 먹었던 것일수록 경쾌하게,
도끼도 이미 배웠다.
슬픔이 마른 것부터
상처를 옹이로 각인한 것, 다음
젖은 것 수순이란 것을

짱!
신난 도끼가 허공 위에서 춤을 춘다.
짱!
허공을 반으로 가르며 내려 찍히는 도끼
누가 저리 신난 광기를 멈출 수 있을까

다시 한번 손바닥에 침을 뱉으며 마지막
젖은 것을 노려보는 도끼.
퍽! 이번엔 쨍이 아니었다

물을 잔뜩 먹은 것들
동강 난 몸이었으나 그해 여름도 말리지 못한 슬픔
세월의 나이테 마디, 잊히지 않는 기억들이 응집하여
견고해진 나무의 속살

자루 끝까지 얼얼하게 전해오는
나무의 슬픔을 맛 본 도끼가
부러질까 봐 멈칫했다

고슴도치 사랑

사람들은 제각각의 아집과
고집과 에고를 가지고 있다
그래서 사람을 보듬을 때면 아프다

나 또한 거친 세월에 기대
내 가시들을 뭉툭하게 만들었지만
아직도 많은 가시들이 남아있을 거다

수두룩한 가시가 돋친 나를 그 누가 안아주랴
그래서 내가 사람들을 보듬기로 했다

오늘도 내 가슴이 따끔히 아프고
이내 피가 흐른다
최선을 다해 충분히 사랑한 것 같다

내일도 아플 것이다

대나무

길의 끝에 설 때면,
또 다른 길을 이어 붙이곤 했다

바람이 허공을 때리는 들판에서
되돌아보는 세월,
수없이 밀어 올렸으나,
수없이 살아낸 인생은 그 어디에도 쌓이지 않아,
속이 텅텅 비었구나

매듭을 딛고 또다시 나아가는 대나무처럼
한 시절이 끝난 후 다시 낯선 곳에 던져진 나는
새로운 시절을 처음인 듯 밀어올린다

동전

쨍그랑,
시끄러운 세상
뒷면을 누르는 앞면

세우려고 치열하지만
앞, 아니면 뒤
뒤, 아니면 앞으로 엎어진다

뒤가 되어 견디던 자들도,
뒤집힌 세상에 서면
앞이 되어,
뒤를 누르기는 마찬가지

농성 중인 노동자와 회사 측
사람들이 인상을 구기고 있다

그 어느 쪽도 손들어 줄 수 없는,
옆이다 나는

홈런

데굴데굴 굴러가 버린 사랑

온몸을,
감아쥐던 체온이 느껴지지 않아
삶은 이곳에서 저곳으로,
이 시간에서 저 시간으로
던져지는 일이어야만 했던 걸까

담장 너머엔 부끄럽지 않은 세계가 있을까
손아귀에 길들지 않아, 던져지고 또 던져져야 해
허공과의 마찰,
하루를 비벼 만든 바람은 마음만 흔들 뿐
세상 그 무엇도 나부낄 수 없어

내일과 사인을 주고받으며 계획을 세우곤 했지만
원하는 대로 살 수 없었어
포수가 시키는 대로, 세상은 늘 일방적이었거든

단 한 번이면 족해,
송두리째 때리는 사랑 다음
미련 없이 담장 너머로 사라져 주겠어

마찰

그와 마찰이 있었다

그는 곱하기를 했고
나는 나누기를 했다

공식이 달랐기에 우리의 답은
틀린 것이 아니라
서로 달랐을 뿐

그의 모서리가
내 치부를 관통했고
나의 고집이 그를 찔렀다

아직도
뭉툭해지지 못한 것들,
그의 가슴에 대고 비볐다

마찰열이 뜨거워서 찡그렸던 나
그가 미워서가 아니었다

평정심이 오길 기다려
뜯기고 부러진 자리 오래 만졌다
점점 둥글게 완성되어 가는 모습
그가 고마웠다

물길

지나온 시절도 똬리를 틀었으면 좋겠다

차디찬 슬픔의 길이 멀어서 그립지 않게,

이십 대와

불혹의 오늘이 맞닿을 수 있다면 내 사랑은 여전히

뜨거울 거고, 죽어가는 게 서글프지 않을 것을

노래방에서

또 불러재꼈다
걸어온 길처럼 꾸불꾸불한 목소리로,
사랑은 아랫배에 힘 주어 크게 부르짖었다
이별은 호흡을 가슴으로 끌어당기며 울먹였다

내 인생 끝까지 완창할 수 있을까
멋있고 고운 노래가 아니더라도,
스스로에게 당당하고 남들에게 손가락질
당하지 않을 만큼,

박자가 틀리고 음정이 틀리고 삑사리가 나도
처음부터 다시 부르면 되는 노래
연주가 끝난 시절들
다시 살 수 없는 인생, 늘 엇박자다

집에 와서 다시 불렀다
마이크 잡듯 펜을 들고 하얀 종이 위에
외롭다는 말을 저음으로 흐느끼며,
그립다는 말을 고음으로 내질렀다

시인의 밥상

이토록 가냘픈 지느러미로 먹빛
절망을 어떻게 헤쳐나왔을까 고등어는

그것도 꽃이라고 피우기 위해 부추는
허공 깊이 그리움을 쌓았구나

맵디매운 김치
아직도 삭히지 못한 분노가 남은 것일까

곁가지도 없이 저 홀로 우뚝 섰던
고사리순 여리고도 여리다

먼 산 돌아 나와 가슴 때리는 바람이여
여기 곤한 몸 옆에 앉아 함께 한술 뜨자꾸나

팔팔 끓던 청춘
그대여,
따뜻한 이 국이 다 식기 전에
뜨거운 가슴이 차가워지기 전에
눈물이 다 마르기 전에,

봄날의 회상

벌겋게 갈라진 손등 먹고 살 찌운 냉기
마당 밖으로 밀어내던 까치

동생과 나는 할머니가 널어 말리던 빨래처럼
오후의 햇살 가득 널려있는 운동장으로 나갔다

술 취한 아버지가 감나무 잎 비틀어 꺾고
칼날 같은 혀로 이 집 저 집 향해 고함치며
동네 사람들 다 도리고, 울상이던 장독대 때려
부수던 그때, 장년들 찾아서 울퉁불퉁한 길
멍들이던 할머니

그러거나 말거나 우리는 다 마른 햇살 거두어
모래 장난과 함께 한 벌 두 벌 이쁘게 개었다.
따스한 빛 서로에게 입혀 주기도 하다가
어떤 건 너무 커서 헐렁한 모습 보고 웃기도 했다

남은 빛은 양말처럼 주머니에 구겨 넣고
비틀거리던 아버지처럼 봄기운에 취해
겁도 없이 희희덕거리며 집으로 돌아오던 날

그날 밤 집에서 쫓겨난 동생과 나는 바람을 피해
골목 구석에 웅크리고 앉아 아버지가 잠들 때까지
기다렸다

그렇게 춥지는 않았다
낮에 흠뻑 갠 햇살 꺼내
서로에게 입혀 주었기 때문이었다

철근공

세상 모든 어둠이 그의 철근 사이에 얽혔다
귀퉁이에 드러누운 그림자
가로 세로 교차하며 온몸 결속하는 밤
악몽보다 두려운 건
깨어날 수 없어 악몽을 바라봐야 하는 가위눌림

지난 세월보다 길어진 하루 더듬어
바닥에서 멀어지고 싶었으나 끝내 닿지 못한 고층
3층 소박한 높이가 그토록 오르기 힘든 꿈이었을까?
계단 위에 뿌린 가쁜 호흡이 뿌연 서리꽃 피웠다

문을 열자
기다리던 부패가 악취를 내밀며 대원들을 잡아끌었다
좁은 골목보다 가슴이 먼저 얼어버린 사람들
세상은 추워서가 아니라
울지 않는 사람들 때문에 얼어붙었다
수도꼭지 잠겼기에 흘려보낼 수 없는 슬픔
얼음 되어 눈물샘이 막혔다

햇살보다 일찍 나온 용역사무소
타지인이란 이유로 순번 밀린 페이지들
두서없이 쓰다만 일기의 서체가
다발 묶은 철사 끊어낸 철근처럼 와르르 흩어졌다

허공에 끄적인 마지막 문장,
읽을 수 있는 이는 얼마나 될까?
냉기 서린 바닥 뒹굴던 술병은
이미 취기가 다 빠졌다
며칠 보이지 않아 일이 있나 싶었다던
여관 주인의 목소리가 갈라진 벽 틈새를 깊이 팠다

그에게 하루는 져 날라야 하는 무게뿐이었을까?
힘 풀린 다리를 탁본한 무늬가 어깨에 새겨져 있다
벌겋게 녹슨 생의 뼈대, 철근에 얼어붙은 시멘트처럼
척추 위에 양생 되지 못한 살결이 푸석했다

타일 위에 얼어붙은 설움,
숨결이 멎지 않은 티브이 속 앵커가
지난밤 동파된 사건의 유서를 읽었다

주검을 들 것에 얹어 방을 나오자

속 뜨거워진 수도꼭지 홀로 남아 흐느꼈다

화상

반지름 땅에 묻은 타이어 위에 올린 구슬,
바닥 구르기 위해 굴곡진 햇살 돌돌 말았다.

기댈 곳 없는 세상 위에 서기 위해 반 그은
슬픔 또한 캄캄한 어제 속에 묻었다.

열정과 패기는 가벼운 것이었을까?
언제나 부족했던 가속도, 젖은 손으로
호주머니 속 만지작 거리던 마지막 큰 구슬
꺼내 육중한 무게 더했으나 기대는 끝내,
모래더미를 넘지 못했다.

붉은 허공과 맞닿은 이파리 가장자리,
울퉁불퉁한 허공 비빈 자리가 뜨거웠다.

어느새 내리막길 가속도 붙는 세월
마찰열 벌겋게 부어오른 물집

맞닿았던 자리 다시 돋은 새살,
전의 것과 다른 무딘 감각이 낯설었다

펄

강렬한 그리움에 맨몸 드러낸 세월
수많은 인연들이 남기고 간 이별이 찍혀있다

추억이란 결코 아름답지 않아
홀로 곱씹어야 하는 펄 밭에 각인된 흔적일 뿐

내 영혼이 쩍쩍 갈라지는 간조의 시간
습관처럼, 저 먼 수평선을 바라보는 일이
눈물 증발 시키고 굳어 가슴 누르는 흙덩이가 되었다

만조의 시간이 올까?
그대 사랑 가득 들어차 내 메마른 펄 밭을
적셔 줄까?
내 초라한 청춘을 덮어 저 뜨거운 그리움에서
해방시켜 줄까?

동냥

도도한 사람들 앞에
외로움은 수치스러워서
꼭꼭 숨겼는데,
가슴 고파 더는 참을 수 없자
정을 구걸한 적 있다.

육교 위 사람 뜸할 때 기다려
잠바로 머리를 가렸다.
눈을 감고 온몸 바닥에 포개자
빙빙 도는 어둠
지구의 자전이 느껴졌다.
차가운 바람은 귓가를 스치고
발걸음 소리는 가슴에 꽂혔다.

네가 떠났다는 사실보다
하나도 외롭지 않은 너 때문에
하염없이 무너졌다.

땡그랑
날 세운 바람이,
동전보다 먼저 가득 찼다.

탄 냄비

박박 긁다가 손가락이 삐끗했다

비릿한 생각들 지우기 위해 들끓던 나날
너를 놓아주지 않고 내 안에 오래 둔 것도
나의 잘못이었다

너는 내안에 뜨겁게 일렁였다

캄캄하게 눌러붙은 세월 곱씹으면 삐끗,
엇나간 인연들 가슴 욱씬거린다

샘문시선 1060

한국문학상 대상 수상 기념시집

눈물강 위에 세우는 다리

김준한 감성시집

발행일 _ 2025년 1월 24일
발행인 _ 이정록
발행처 _ 도서출판샘문
저　자 _ 김준한
감　수 _ 이정록
기　획 _ 박훈식
편집디자인 _ 신순옥, 한가을
인　쇄 _ 도서출판샘문
주　소 _ 서울특별시 중랑구 동일로 101길 56, 3층(면목동, 삼포빌딩)
전화번호 _ 02-491-0060 / 02-491-0096
팩스번호 _ 02-491-0040
이메일 _ rok9539@daum.net / saemteonews@naver.com
홈페이지 _ www.saemmoon.co.kr (사단법인 문학그룹샘문)
　　　　　 www.saemmoonnews.co.kr (샘문뉴스)
출판사등록 _ 제2019-26호
사업자등록증 등록 _ 113-82-76122(사단법인 도서출판샘문)
　　　　　　　　　 677-82-00408(사단법인 문학그룹샘문)
　　　　　　　　　 104-82-66182(사단법인 샘문학)
　　　　　　　　　 501-82-70801(사단법인 샘문뉴스)
　　　　　　　　　 116-81-94326(주식회사 한국문학)
샘문사이버교육원 (온라인 원격)-교육부인가 공식교육기관 _ 제320193122호
샘문평생교육원 (오프라인)-교육부인가 공식교육기관 _ 제320203133호
샘문뉴스 등록번호 _ 서울, 아52256
ISBN _ 979-11-94325-93-2

본 시집의 구성은 작가의 의도에 따랐습니다.
이 책의 저작권은 저자와 도서출판 샘문에 있습니다.
무단 전재 및 표절, 복제를 금합니다.

파손된 책은 구입처에서 교환해 드립니다.
본지는 한국간행물 윤리위원회 윤리강령 및 실천요강을 준수합니다.

문집 출간 안내

도서출판 샘문 에서는

베스트셀러 명품브랜드 〈샘문시선〉에서는 각종 시집, 시조집, 수필집, 동시집, 동화집, 소설집, 평론집, 칼럼집, 꽁트집, 수상록, 시화집, 도록, 이론서, 자서전 등 문집을 만들어 드립니다.
도서출판 샘문에서는 저자님의 소중한 작품집이 많은 독자님들에게 노출되고 검색되고 구매하여 읽히고 감상할 수 있도록 그 전 과정을 기획, 교정, 교열, 퇴고, 윤문(첨삭,감수), 디자인, 편집, 인쇄, 제본, 서점 등록(납품,유통), 언론홍보, SNS홍보 등, 출판부터 발매 까지의 전략을 함께해 드립니다.

📖 출판정보

샘문시선은 도서출판비를 30% 인하 하였습니다. 국제원자재값 폭등으로 인하여 문집 원자재인 종이값 등이 3번에 걸쳐 43% 상승하였으나 이를 반영하지 않았습니다.

- 📣 저자가 필요한 수량만큼 드리고 나머지는 서점 유통
- 📣 시집 표지는 최고급으로 제작함 – 500부 이상
- 📣 제목은 저자 요청시 금박, 은박, 에폭시로도 제작함
- 📣 면지는 앞뒤 4장, 또는 칼라 첨지로 구성해드림
- 📣 본문은 100g 미색 최고급지 사용함(눈 보안용지, 탈색방지)
- 📣 본문 200페이지 이상은 80g 사용
- 📣 저서봉투 – 고급봉투 인쇄 무료 제공
- 📣 출간된 책 광고(본 협회 ▷) 홈페이지, 샘문뉴스, 내외뉴스, 페이스북 13개그룹(독자&회원 10만명), 카페 3개, 블로그 2개, 카톡단톡방 12개, 유튜브, 카카오스토리, 인스타그램, 문예지 4개, 문학신문 등)
- 📣 견적 ▷ 인세 계약서 작성 ▷ 기획 ▷ 감수 ▷ 편집 ▷ 재감수 ▷ 재편집 ▷ 인쇄 ▷ 제본 ▷ 택배 ▷ 서점 13개업체 납품 ▷ 저자에게 납품 ▷ 유통 ▷ 홍보 ▷ 판매 ▷ 인세지급
- 📣 출판기념회는 저자 요청시 본사 문화센터(대강의실) 무료 대여 가능(70명 수용가능) 현수막, 배너, 무대 조명, 마이크, 음향, 디지털 빔, 노트북, 줌시스템, 모니터, 컴퓨터, 석수, 커피, 차, 무료 제공
- 📣 저자 요청시 저자의 작품 전국대회에서 수상한 시낭송가가 낭송하여 유튜브 동영상 제작 => 출판기념식 및 시담 라이브 방송
- 📣 저자 요청시 네이버 생방송 출판기념회 가능(유튜브 연동) – 네이버 라이브 커머스쇼
- 📣 뒷 표지에 QR코드 삽입가능 – 저자의 작품 시낭송 유튜브 동영상 등(요청시)
- 📣 교정, 교열, 감수, 윤필(첨삭감수), 평설, 서문 등(유명한 시인, 수필가, 소설가, 문학평론가, 항시 대기)

문집 출간 안내

📖 빅뉴스

이정록 시인의 〈산책로에서 만난 사랑〉이 네이버 선정 베스트셀러로 선정 된 이후 〈내가 꽃을 사랑하는 이유〉, 〈양눈박이 울프〉, 〈꽃이 바람에게〉, 〈바람의 애인, 꽃〉시집이 연속 교보문고 베스트셀러에 선정 되고 5권 전부 출간 순서대로 골든존에 등극하였다. 평생 한 번도 어렵다는 자리를 이정록 시인은 5년 동안 5번에 오르고 현재도 이번 2022년 5월경에 출간된 [바람의 애인, 꽃] 영문판과 [담양장날]이 출간을 기다리고 있다

〈서창원 시인, 2회〉, 〈강성화 시인〉, 〈박동희 시인〉, 〈김영운 시인〉, 〈남미숙 시인〉, 〈최성학 시인〉, 〈이수달 시인〉, 〈김춘자 시인〉, 〈이종식 시인〉 외 한용운문학상 수상 시인인 〈서창원 수필가〉, 〈정세일 시인〉, 〈김현미 시인〉가 올랐고, 2022년 올 봄에는 〈정완식 소설가〉 『바람의 제국』이 소설집으로는 최초로 『네이버 선정 베스트셀러』 반열에 올랐고, 〈이동춘 시인〉에 『춘녀의 마법』 시집이 『네이버 선정 베스트셀러』 반열에 올랐다. 그리고 컨버전스공동시선집과 한용운공동 시선집도 간간히 베스트셀러를 하고 있는 〈베스트셀러 명품브랜드〉 『샘문시선』 이다

〈샘문시선〉은 〈베스트셀러_명품브랜드〉로서 고객님들의 〈평생가치를 지향〉하는 〈프리미엄 브랜드〉입니다. 고객이신 문인 및 독자 여러분, 단체, 기관, 학교, 기업, 기타 고객분들을 〈평생고객〉으로 모시겠습니다. 많은 사랑 부탁드립니다

📖 샘문특전

- 📣 교보문고, 영풍문고, 인터파크, 알라딘, 예스24시, 11번가, Gs Shop, 쿠팡, 위메프, G마켓, 옥션, 하프클럽, 샘문쇼핑몰, 네이버 책, 네이버쇼핑몰, 네이버 샘문스토어 등 주요 오프라인 서점, 온라인 서점, 오픈마켓 서점에서 공급 및 유통하고 있습니다.

- 📣 기획, 교정, 편집, 디자인에 최고의 시인 및 작가, 편집가, 디자이너, 평론가, 리라이팅(첨삭 감수) 및 감수 전문가들이 참여하여 감성, 심상이 살아 있는 시집, 수필집, 소설집, 등 각종 도서를 만들어 드립니다.

- 📣 인쇄, 제본, 용지를 품질 좋은 우수한 것만 사용합니다.

- 📣 당 출판사 〈한용운공동시선집〉, 〈컨버전스공동시선집〉과 〈한국문학공동시선집〉, 〈샘문시선집〉을 자사 신문인 (샘문뉴스)와 제휴 신문인(내외신문), 글로벌뉴스와 홈페이지(2군데), 샘문쇼핑몰, 네이버 샘문스토어, 페이스북, 밴드, 카페, 블로그를 합쳐서 10만명의 회원들이 활동하는 SNS 20개 그룹 공개 지면 및 공개 공간을 통해 홍보해 드립니다.

- 📣 당 출판사를 통해 국립중앙도서관 및 국회도서관 및 전국 도서관에 납본하여 영구적으로 보존해 드립니다.

- 📣 당 문학그룹 연회비 납부 회원은 30만원 상당에 〈표지용 작품〉을 제공 받습니다.